Frank Willmann

Fußball in der DDR

Fußballfibel

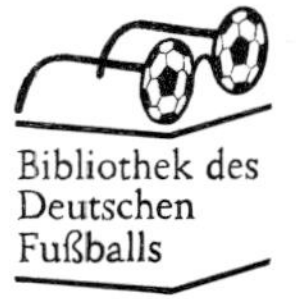

Herausgegeben von Frank Willmann

Autor:
Frank Willmann lebt in Berlin. Er ist 1963 in Weimar geboren und 1984 nach Westberlin ausgereist. Neben dem Verfassen zahlreicher literarischer Titel forschte Willmann auch zur Berliner Mauer, zur Kulturgeschichte des deutschen Fußballs und zu Subkulturen in der ehemaligen DDR. Zuletzt erschienen: „Alles auf Rot: Der 1. FC Union Berlin" (Blumenbar 2017) und „Mittendrin. Fußballfans in Deutschland" (Schriftenreihe der Bundeszentrale für politische Bildung 2018) sowie „Lutz Lindemann – Optimist aus Leidenschaft" (Aufbau Verlag 2019). Frank Willmann ist Mitglied der Akademie für Fußballkultur und der Deutschen Autorennationalmannschaft sowie Herausgeber der Bibliothek des Deutschen Fußballs.

Bildnachweis:
Bierdeckel von DDR-Vereinen aus der Sammlung Knut Hildebrand

ISBN: 978-3-944068-89-3
Die Deutsche Nationalbibliothek verzeichnet diese Publikation in der Deutschen Nationalbibliografie; detaillierte bibliografische Daten sind im Internet über http://dnb.d-nb.de abrufbar.

Verlag:
CULTURCON medien
Inh. Bernd Oeljeschläger
Melanchthonstraße 13
10557 Berlin
Telefon 030 / 3439 8440
www.culturcon.de
Lektorat: Bernd Oeljeschläger
Gestaltung und Satz: Burkhard Kehl, Berlin
Coverentwicklung: Marcus Gruber, Berlin
Druck: Florian Isensee Gmbh, Oldenburg

Wie alles anfing

Fankultur

Persönliche Erlebnisse: Die Fußballkarriere des Frank W. aus T.

Gastbeiträge: Geschichten mit Hammer, Zirkel und Ball

Wie alles anfing

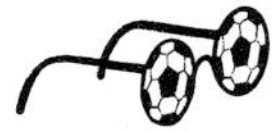

Als nach dem Ende des Zweiten Weltkrieges das große Aufräumen begann, stand den Menschen im zerbombten Deutschland schnell wieder der Sinn nach Sport, Spiel und Ablenkung vom traurigen Alltag. Der Breitensport Fußball bot Zerstreuung – und bald flogen Lumpen- und Lederbälle wieder durch die zerstörten Städte und Dörfer.

Dies geschah anfangs unorganisiert, da in Folge der Beschlüsse des Potsdamer Abkommens des Alliierten Kontrollrats alle bürgerlichen Fußballvereine als Unterorganisationen der NSDAP verboten wurden und zum 1. Januar 1946 aufgelöst werden mussten. Man wollte verhindern, dass aus ihnen erneut „Pflanzstätten soldatischer Tugend" werden konnten. An Stelle der Vereine entstanden in den ersten beiden Jahren Sportgruppen, die bald auch wieder regionale Meisterschaften durchführten. Während sich in den westdeutschen Zonen schnell wieder die vertrauten bürgerlichen Vereine etablierten, wurden in der sowjetischen Besatzungszone die Beschlüsse des Kontrollrats konsequent durchgesetzt. Bürgerliche Vereine galten in der Zone als Hort faschistisch-dekadenter Lebensweise, die es auszumerzen galt.

In den Jahren 1948 und 1949 wurde in der Ostzone unter der Regie des 1948 gegründeten „Deutschen Sportausschusses" die Ostzonenmeisterschaft im K.O.-System ausgespielt. Insgesamt zehn teilnehmende Teams kamen aus Brandenburg, Mecklenburg-Vorpommern, Sachsen, Sachsen-Anhalt und Thüringen. Erster Meister wurde die SG Zwickau-Planitz 1948, ein Jahr später trug sich die ZSG Union Halle in die Annalen ein. Die sowjetische Besatzungsmacht untersagte den Ostzonenmeistern die Teilnahme an der gesamtdeutschen Meisterschaft. Wegen des besonderen Berlinstatus kickten Berliner Teams bis 1950 um die Stadtmeisterschaft in einer Ost-West-Liga.

Ab 1946 betreuten FDJ (Freie Deutsche Jugend) und der FDGB (Freier Deutscher Gewerkschaftsbund) patenschaftlich die Sportgemeinschaften. In den folgenden Jahren entstanden durch Zusammenlegung diverser Sportgruppen die Betriebssportgemeinschaften (BSG), die jeweils von einem Großbetrieb finanziert und organisiert wurden. Diese Trägerbetriebe sorgten nebenher für die heute oft kurios klingenden Namen der Vereine. So stand Empor für Handels- und Nahrungsgüterwirtschaft, Rotation für Druckereien und Verlage, Traktor für landwirtschaftliche Genossenschaften, Motor für Maschinenbau, Lok für die Deutsche Reichsbahn etc. Später änderten sich die Namen der Clubs sehr häufig, was überwiegend mit dem Wechsel der Trägerbetriebe zusammenhing.

Im Jahr 1949 wurde vom Deutschen Sportausschuss in der Ostzone die Fußball-Oberliga geschaffen. Im Lauf der ersten Spielzeit wurde die DDR gegründet, ab diesem Zeitpunkt war von der 1. DDR-Meisterschaft die Rede. Die Beteiligung an einer gesamtdeutschen Meisterschaft stand nie zur Frage. Trotzdem gab es auch in den frühen Jahren bereits einen munteren Reigen von Freundschaftsspielen zwischen Teams aus Ost und West, der nie abriss.

Berliner Mannschaften wurden erst zur Saison 1950/51 in die Oberliga aufgenommen. Als 1949 in Westberlin in Anlehnung an Westdeutschland das Lizenzspielersystem eingeführt wurde, nahm die Ostdeutsche Sportführung dies als Anlass, alle Ostberliner Fußballmannschaften aus dem Gesamtberliner Spielbetrieb zurückzuziehen. Die in Berlins Stadtliga kickenden Mannschaften von Union Oberschöneweide, dem VfB Pankow und Lichtenberg 47 wurden in die DDR-Oberliga eingereiht, die extra dafür von 14 auf 18 Mannschaften vergrößert wurde.

Etliche Ost-Berliner Fußballer wechselten daraufhin zu westlichen Mannschaften, da sie im Status des Vertragsspielers einen größeren Reiz sahen. In Westberlins Vereinen wurden kleinere Summen ausgelobt, der Ostberliner Fußball hatte unter einem immensen Aderlass zu leiden. Viele DDR-Fußballer lebten anfangs noch im Osten, spielten aber im Westen Fußball. Ein Kuriosum, dass eine Weile möglich war. Die erste Oberliga-Saison 1949/50 wurde erst am letzten Spieltag entschieden. Die Mannschaften der SG Dresden-Friedrichstadt und die BSG Horch Zwickau standen punktgleich an der Tabellenspitze. Zum Spiel in Dresden kamen 60.000 Zuschauer. Zwickau siegt beim Nachfolger des bürgerlichen Dresdner SC mit 5:1. Viele Zuschauer vermuteten Betrug, nach dem Spiel gab es Randale – zum ersten, aber nicht zum letzten Mal bei einem Oberligaspiel. Etliche Entscheidungen der Schiris wurden von den Zuschauern als parteiisch empfunden, nur Walter Ulbricht fand alles toll und jubelte, weil „gerade die Mannschaft eines volkseigenen Betriebes die ersten Meisterehren in der DDR erwarb".

Fast die gesamte Mannschaft der SG Dresden-Friedrichstadt verließ nach dem Spiel die DDR, inklusive des späteren Bundetrainers Helmut Schön. Viele Fußballer sollten ihnen bis 1989 in den Westen folgen. Am 7. März 1950 wurde in Berlin innerhalb des Deutschen Sportausschuss der Fachausschuss Fußball, der Vorläufer des Deutschen Fußballverbandes (DFV) gegründet. 1951 ging daraus die Sektion Fußball hervor. Später setzte man noch „der DDR“ davor. Der eigentliche DFV wurde erst 1958 ins Leben gerufen und stand unter dem Dach des DTSB (Deutscher Turn-und Sport Bund). An dessen Spitze standen natürlich nur verdiente Funktionäre, die dem Staat und der Partei meist treu und kritiklos ergeben waren. Abnicker, die dafür sorgten, dass die DDR-Staatspolitik vor den Toren der Fußballstadien keine Halt machten. Der DTSB gab die Parolen und Pläne aus, der DFV hatte zu folgen. Da der DDR-Fußball nicht als medaillenträchtig galt – schließlich brauchte man ja allein mindestens elf sportliche DDR-Bürger für eine mögliche Goldmedaille, stand er meist hinten an.

Von Beginn an gab es SED-Gruppen, FDJ-Gruppen und sonstige staatliche Organisationen, die immer auch eine Bockwurst mit ins Feuer hielten. Der DDR-Fußball war nie frei von staatlicher Beeinflussung. In jeder Mannschaft gab es einen Mannschaftsleiter, der u.a. für politische Agitation und Propaganda zuständig war. Im DDR-Jargon nannte man diese Form der Gehirnwäsche Rotlichtbestrahlung. Fußballgeile SED-Bezirksfürsten, Armeegeneräle, Polizeioffiziere, MfS-Chefs, ballverrückte Kombinatsdirektoren und Bonzen aller Blockparteien sorgten sich Zeit ihres Wirkens um „ihre“ Oberligaclubs. Es war nicht anders als in der restlichen Fußballwelt. Es wurde manipuliert, gemauschelt und schlawinert, was das Zeug hielt. Die Geschichte der 46 Clubs, die jemals in der DDR-Oberliga kickten, ist eine Geschichte reich an Komik, Unfassbarkeiten, Kuriositäten, Borniertheit und Intrige.

Wenn es drauf ankam, wurden ganze Mannschaften innerhalb der DDR verpflanzt – zum Wohle des Volkes und seiner Repräsentanten. Einzelne Spezis der Schiedsrichtergilde ließen sich gern verwöhnen – bei Westreisen gab es fette Beute, die geheiligte D-Mark, der Schlüssel zum Schlaraffenland hochwertiger Güter.

1952 wurden in der DDR die alten Länderstrukturen abgeschafft und fünfzehn Bezirke gebildet. Diese fünfzehn Bezirke bildeten den Unterbau mit jeweils einer Bezirksliga, die bis 1989 erhalten blieb.

Dazu kam die 2. Liga, die immer mal wieder Wechseln unterzogen war. Mal gab es fünf zweite Liegen, dann wieder zwei usw. Den Oberbau bildete die Oberliga, ab 1954/55 mit vierzehn Mannschaften. Ab 1950/51 bastelte der Sportausschuss zwei weitere Schwerpunkte, die Clubs der Volkspolizei (anfangs VP, später Dynamo) sowie die Vereine der Kasernierten Volkspolizei (anfangs KVP, Vorläufer der Nationen Volksarmee, später Vorwärts). In Dresden „schuf" man z.B. VP Dresden, eine Zusammenlegung der besten Spieler aus diversen VP-Mannschaften der DDR. Dieses Team nahm 1950/51 den Oberliga-Platz der SG Dresden-Friedrichstadt ein, die nahezu komplett in den Westen abgewandert war und nach der Spielerflucht aufgelöst wurde. Ähnlich fand kurze Zeit darauf in Leipzig die Gründung der SV KVP Vorwärts Leipzig statt. Dieser Club wurde 1952/53 nach Berlin verpflanzt, wo er als Vorwärts Berlin bis Ende der 1970er Jahre große Erfolge feierte.

1952 wurde die DDR in die FIFA aufgenommen, zwei Jahre später gehörte sie zu den Gründern der UEFA. Das erste offizielle Länderspiel verlor die DDR 1952 mit 0:3 in Polen. Das erste Tor für die DDR erzielte Karl Schnieke bei einem 1:3 in Rumänien. Der erste Sieg gelang beim siebten Länderspiel der DDR-Auswahl in Bukarest gegen Rumänien. 3:2 gewann die DDR. In die erste WM-Qualifikation startete die DDR 1957 und scheiterte an Wales und der CSSR. Am 19. Mai 1957 zauberte die DDR vor 110.000 Zuschauern im Leipziger Zentralstadion Wales in Grund und Boden und gewann mit 2:1. 1954 bestimmte die DDR-Sportführung die Gründung von Sportklubs als „Zentren des Leistungssports". 1966 wurden sie zur Gründung selbständiger Fußballklubs wieder ausgegliedert. Das klingt wie Professionalisierung nach Dr. Merkwürden – und war es auch. Das sogenannte „delegieren" leistungsstarker Spieler von kleinen zu größeren Clubs nahm hinfort seinen munteren Einklang. Im Westen wurden die Spieler „verkauft", im Osten „delegiert" – was natürlich auf das Gleiche herauskam.

In den 1960er Jahren wirbelten Sportfunktionäre den Fußball gehörig durcheinander. Um die Leistungsstärke zu erhöhen, fanden alljährliche Konferenzen statt, wo sich die staatlich bestellten Vereinsmeier ordentlich das Hirn zermarterten. Mannschaften wurden immer mal wieder umgebettet (Dynamo Dresden nach Berlin, Vorwärts Leipzig nach Berlin, später nach Frankfurt/O., Empor Lauter (Erzgebirge) nach Rostock). Ständige Umstrukturierungen und Umbenennungen waren ebenfalls en vogue. Tolldreist der Versuch, 1954 an der Hochschule für Körperkultur (DHfK) in Leipzig mit anderswo abgezogenen (bzw. „delegierten") jungen Spielern eine hoffnungsvolle Spitzenmannschaft zu formen. Nach sechs Monaten wurde das Experiment abgebrochen. Leipzig scheint schon immer in Sachen Fußball ein experimentierfreudiges Pflaster gewesen zu sein – mal schauen wie lange der Retortenclub RB Leipzig (Rasenball Leipzig, ein Schelm wer andere Interessen dahinter vermutet) in der Gegenwart wirbelt.

Neben der Oberliga wurde ein nationaler Pokal (FDGB-Pokal genannt und vom DDR-Einheitsgewerkschaftsverband gestiftet) ausgespielt. Den ersten Pokal holte das Team mit dem schönen Namen Waggonbau Dessau. Die SG Dynamo Dresden und der 1. FC Magdeburg holten diesen Pokal jeweils sieben Mal.

Ab Anfang der 1970er Jahre errichtete der DFV (Deutscher Fußball Verband) schrittweise 196 Trainingszentren sowie die Kinder- und Jugendsportschulen (KJS) bei den Fußballclubs. Die Spitzenfußballer waren Vollprofis. Pro Forma waren sie entweder in Großbetrieben angestellt oder hatten Armee- und/oder Polizeiränge. Ihre Gehälter übernahmen die DDR-Großbetriebe, Ministerien oder staatliche Einrichtungen. Nebenher geiferten die listigen Funktionäre gen Bonner Revanchisten und prangerten das unmenschliche Profitum in der BRD an.

Die größten Erfolge im Europacup feierte der Zonenfußball in den 1970er Jahren. In den 1960ern war spätestens im Viertelfinale Schluss. In den goldenen Siebzigern durfte es durchaus mal das Halbfinale sein. 1974 gelang dem 1. FC Magdeburg, einer besseren Auswahl des Bezirkes Magdeburg, in Rotterdam der erste und letzte große Coup einer DDR-Vereinself. Sie hauten den favorisierten AC Mailand im Finale weg. Der schneeweiße, fix von Rotterdamern geliehene Bademantel (kein Malimo!) hielt Einzug in die Fernsehstuben der Welt – zum ersten Mal ließ Jürgen Sparwasser von Peking bis Pretoria sein schönstes Siegerlächeln strahlen. Bereits 1972 stand der zweitgrößte Erfolg einer DDR-Nationalelf zu Buche. Sie wurde 1972 in München Olympiadritter. 1976 in Montreal hielt sie gar den Siegerkranz in den Händen. Allerdings waren die kickenden Olympiamannschaften eher Stiefmütterchen am Busen der großen Fußballnationen. Insofern ist dieser Erfolg kein wirklicher.

Bei Europameisterschaften kam die DDR nie über die Vorrunde hinaus. Bei Weltmeisterschaften durfte sie einmal dabei sein – und schaffte gleich einen historischen Triumph. Die Ostzone schlug 1974 in Hamburg die Westzone mit 1:0. Jürgen Sparwasser semmelte sein epochales 1:0 dem Meier-Sepp in den Kasten. Sparwasser meinte später, dieses Tor hätte ihm eher geschadet als genützt. Das können wir nicht so recht glauben, die eine oder andere Gabe wird schon im Klingelbeutel der Familie Sparwasser gelandet sein. Für die Mannschaft der BRD war die Niederlage eine Art Weckruf, sie wurde später Weltmeister. Die DDR hingegen bekam als Gruppenerster schwere Mannschaften in der Zwischenrunde vorgesetzt und schied aus. Zwar war die Mehrheit der Zonis beim Spiel „Wir gegen Uns" für uns. Doch hatte dies eher a.) regionale Gründe und b.) mit dem allgemeinen Minderwertigkeitsgefühl der Ostelbier zu tun. Insgesamt interessierten sich die Massen nur bedingt für den Fußball des DDR-Nationalteams. Der Zoni schaute am liebsten Bundesliga, hatte auch meist einen Lieblingsverein im güldenen Westen und legte bei den Spielen BR Deutschlands vor Ehrfurcht und Stolz die Löffel an.

DDR-Fußballer waren privilegiert. Neben den offiziellen Gehältern floss viel unter der Hand an die Spieler. So wurden herausragende Kicker gern mit formschönen Schrankwänden aus Pressspan, mit Haushälften, Autos und Urlaubsreisen geködert. Mächtige Minister und Funktionäre ließen die Muskeln spielen, wenn es galt, ihren Mannschaften Vorteile zu verschaffen. Wie im richtigen Fußballerleben. Nur verdeckter, die Öffentlichkeit wusste nichts davon. An eine freie Presse, die kritisch über die Belange des Fußballs berichtete, war in der DDR selbstverständlich nicht zu denken. Vom Schlüpfer-Gucker-Journalismus einer BILD-Zeitung ganz zu schweigen.

Die Spieler wurden von den Funktionären am Gängelband gehalten. Individualisten beäugte man kritisch, es galt das Prinzip des Kollektivismus. Trotzdem: Der DDR-Bürger liebte seine regionalen Kicker. Jedes Wochenende strömten die Menschen in die Stadien der DDR. Meist Männer und heranwachsende Männlein. Bei Bockwurst, Bier und roter Brause wurden sie eins mit ihren Teams. Und verschafften sich ab und an Luft. Neben den Freiräumen innerhalb der evangelischen Kirche bot nur die Anonymität in den Stadien die Möglichkeit, politischen Protest öffentlich zu äußern. „Stasi raus!“ oder „Die Mauer muss weg!“ (Verballhornung der Mauer beim Freistoß) wurden nicht erst während der politischen Wende skandiert. Immer wenn mal wieder ein Spieler des verhassten BFC Dynamo (mit Oberfan Erich Mielke) in den Westen flüchtete, wurde das von den Fans genüsslich deklamiert: „Wo bleibt denn der Eigendorf?“, „Wo bleibt denn der Falko Götz?“ etc. Wo politischer Protest geäußert wurde, war in der DDR die Schmiere (Staatssicherheit) nicht weit. Als Anfang der 1980er Jahre die sogenannten „feindlichen“ Fan-Gesänge in den Stadien überhandnahmen, begann man großflächig, die Fanszene zu „bearbeiten“. Schnell wurden drei Gruppen von Fans ausgemacht. Die normalen Anhänger, die dekadenten Anhänger (lange Haare oder zu kurze, freche Gesänge, Alkohol), die feindlich-negativ dekadenten Anhänger (fast Staatsfeinde, gewaltbereit, schrecken nicht vor Angriffen gegen die Volkspolizei zurück).

Skandale gab es im DDR-Fußball reichlich. Erinnert sei an diverse Spielerfluchten in den Westen. 1970 erschütterte der Stahlskandal Eisenhüttenstadt. Es ging um unter der Hand gezahlte Prämien. Stahl Eisenhüttenstadt wurde daraufhin von der 2. in die 3. Liga herabgestuft. Auch legendäre Saufgelage von Spielern und Funktionären sorgten immer wieder für „Bewährungsaufenthalte in der Produktion“. Wer allerdings politisch nicht auf Linie lag, hatte in der Oberliga nix zu lachen. Die Parole lautete Schnauze halten und die Rotlichtbestrahlung über sich ergehen lassen. Natürlich hatte jeder Oberligaclub seinen Propagandahengst, der mehrmals im Monat zur Andacht bat – schließlich galt es ja auch im Sport die BRD einzuholen (ohne überholen).

Der DDR-Fußball war nie frei von staatlicher Beeinflussung. In jeder Mannschaft gab es einen Mannschaftsleiter, der unter anderem für politische Agitation und Propaganda zuständig war. Im DDR-Jargon nannte man diese Form der Gehirnwäsche „Rotlichtbestrahlung“. Fußballaffine Fürsten von Armee, Polizei und Staatsicherheit, Kombinats-Direktoren und Funktionäre aller Blockparteien sorgten sich Zeit ihres Wirkens um „ihre“ Oberligaclubs. Es wurde manipuliert und gemauschelt, was das Zeug hielt. Die Geschichte der 46 Clubs, die jemals in der DDR-Oberliga kickten, ist reich an Kuriositäten und Intrigen. Minister und Bezirkssekretäre verschoben Nachwuchstalente, Spieler und Trainer quer durch die Republik.

Als die „Spielkultur“ zunehmend zu wünschen übrig ließ, beschlossen DTSB und DFV 1965, die Fußballsektionen aus den Sportvereinen der Betriebe in Leipzig, Karl-Marx-Stadt, Jena, Erfurt, Halle, Magdeburg, Rostock und Berlin herauszulösen und eigenständige Fußballclubs zu gründen. Man wollte schnellstens das Niveau anheben. Vereinsnamen wurden geändert, Spieler mit Westverwandtschaft wurden rausgeworfen und es wurde stark in die Kompetenzen der Trainer eingegriffen. Wenn’s drauf ankam, wurden schließlich auch ganze Mannschaften innerhalb der DDR verpflanzt. Auch einzelne Spezis der Schiedsrichtergilde ließen sich gern verwöhnen – die D-Mark war in der DDR der Schlüssel zum Schlaraffenland hochwertiger Güter.

Die Spitzenfußballer waren Vollprofis und privilegiert. Pro Forma waren sie entweder in Großbetrieben angestellt oder hatten Armee- und/oder Polizeiränge sowie entsprechende Gehälter. So wurden herausragende Kicker mit Schrankwänden aus Pressspan, Haushälften, Autos und Urlaubsreisen geködert. Der Öffentlichkeit schwante manches. An eine freie Presse, die kritisch über die Belange des Fußballs berichtete, war in der DDR selbstverständlich nicht zu denken. Die wöchentlich erscheinende Zeitung FUWO (Fußballwoche) informierte über die Ereignisse des letzten Fußball-Wochenendes und krittelte höchstens mal versteckt am Rande.

Mit Beginn der Saison 1965/66 wurden die Oberligaspiele vom Sonntag auf den Sonnabend verlegt und eine schnell populäre

„Originalkonferenzreportage“ im Radio der DDR eingeführt. „Das war doch keine freie Zeitung! Alles musste abgesegnet sein, kein Redakteur traute sich doch, was zu sagen. Wir hatten leider auch diese Selbstzensur im Schädel, das heißt, wir wussten, was nicht ging. Wir Satiriker wussten, das kriegen wir nicht durch. Du hättest dich manchmal selbst in den Arsch treten können.“ Edgar Külow, (langjähriger DDR-Fußball-Kolumnist)

„Ein Reizentzug vom Fußball, nicht nur durch die Ferien bedingt, beeinträchtigt die Hirnfunktion derart, daß die Menschen durch ihn sogar verrückt werden können.“ (Zitat aus Die Welt, BRD, 1976) Dieses Zitat benutzten Autoren vom Sportverlag der DDR, um in ihrem ein Jahr später erschienen Bildband „Fußball – Magnet für Millionen“ aufzuzeigen, dass in westlichen Ländern Fußball funktionalisiert wurde. Als Ablenkungsmanöver von Arbeitslosigkeit, Alltagssorgen und sozialer Unsicherheit. Der kalte Krieg existierte auch im Lieblings-Volkssport, dem Fußball. Höhnisch kommentierten DDR-Journalisten aufkommende Probleme mit dem Fan-Verhalten in westlichen Stadien. Fußball im NSW (Nichtsozialistisches Währungsgebiet) basierte nach ihrer Einschätzung auf geschäftlichen Interessen und erzeugte systemimmanente Erscheinungen wie Hooliganismus. So etwas schien in der DDR nicht denkbar.

Der DDR-Bürger liebte seine regionalen Kicker. Jedes Wochenende pilgerten Väter mit ihren Söhnen in die Stadien. Anfangs zu improvisierten Bolzplätzen zwischen Ruinen. In den 1950er Jahren brachten Fans noch Leitern, Tische und Stühle mit zu den Spielen, um in den hinteren Reihen etwas sehen zu können. Bei Bockwurst, Bier und roter Brause wurden sie eins mit ihren Teams. Und verschafften sich ab und an Luft. In den 1970er Jahren kamen Schals und Fahnen auf, die Haare wurden länger. Bei Spielern und Fans. „68“ schwappte über die Mauer. Neben den Freiräumen innerhalb der evangelischen Kirche bot nur die Anonymität in den Stadien die Möglichkeit, politischen Protest öffentlich zu äußern. „Mielke in die Produktion“, „Stasi raus!“ oder „Die Mauer muss weg!“ (Verballhornung der Mauer beim Freistoß) wurde nicht erst während der politischen Wende skandiert. Diese Rufe erklangen an jedem Wochenende aus tausenden, manchmal zehntausenden Kehlen in den Fußballstadien der DDR. „Die Verbundenheit zum Club war riesig. Mich hat es nicht interessiert, ob der Gegner Banik Ostrava, Bayern München, Gladbach oder Mailand hieß. Nur für den 1. FC Magdeburg haben wir gelebt. Und der sollte gewinnen. Egal gegen wen.“ (Ralf Schreiber, Fan 1. FC Magdeburg)

Die großen Stadtderbys spielten sich in Leipzig und Berlin ab. Lok und Chemie Leipzig beharkten sich ordentlich, nicht nur auf dem Spielfeld. Beim BFC Dynamo und Union sah das nicht anders aus. Es galt die einfache Regel: Der minder privilegierte Klub zog das Volk an, dort traten auch gehäuft vermeintliche „Staatsfeinde“ auf, um in der Masse ihr Mütchen zu kühlen. Jena und Erfurt lieferten sich heftige Schlachten, Halle und Magdeburg beulten sich die Köppe ein. In Aue, Zwickau und Karl-Marx-Stadt gab's Haue. Dresden hasste Lok und umgekehrt. Jedes Dorf hatte seinen Hauptfeind, meist den engsten regionalen Nachbarstamm. Nur den BFC Dynamo hassten alle. Als Dauermeister der 1980er Jahre mit Oberfan Stasi-Erich an der Spitze war auswärts keine Sympathie zu erwarten. Die BFC-Fans kehrten das folkloristische Element heraus, besangen „ihren Führer“ Erich Mielke und bewarfen die Sachsen hin und wieder mit begehrten und allein in Ostberlin erhältlichen Südfrüchten. Das Fan-Volk brüllte sich die Kehle aus dem Leib und vermutete überall den privilegierten Hauptstädter. Gern erklang ein „Juden Berlin“ in den Stadien der DDR, bei den beliebten Flutlichtspielen erklangen mitunter Liedzeilen aus dem Repertoire des Nationalsozialismus. Der alltägliche Rassismus, gemischt mit einem fetten Schuss Schwulenfeindlichkeit, fand in allen Stadien statt.

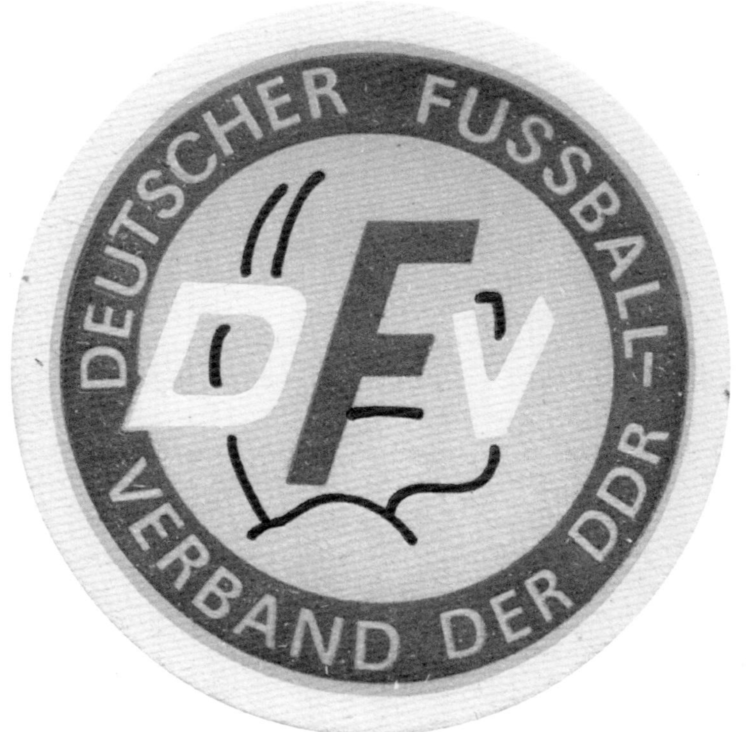

Bierdeckel vom Deutschen Fußballverband der DDR

Staatssicherheitschef Erich Mielke war seit der Gründung der SV Dynamo deren Vorsitzender – und er war glühender Anhänger der Eishockeyspieler wie der Fußballer von Dynamo. Als solcher saß er natürlich auch regelmäßig im Stadion. Anlässlich der zweiten BFC-Meisterschaft 1980 verkündete er gegenüber den Konkurrenten aus Dresden, man müsse das doch verstehen, „die Hauptstadt braucht einfach einen Meister". „Es gibt Beispiele, an denen sich nachweisen lässt, dass einige Schiedsrichter sich dem Club sehr nahe gefühlt haben, um es mal vorsichtig auszudrücken. Das war vorauseilender Gehorsam einerseits, es steckte aber auch dahinter, dass man es sich möglichst nicht mit der Staatssicherheit verdirbt, wenn man auf die internationale FIFA-Liste wollte. Und es spielte auch eine Rolle, dass einige der Leute direkt bei der Polizei angestellt waren." (Horst Friedmann, Sportredakteur Deutsches Sportecho) „Was man gewissen Schiedsrichtern angelastet hat, waren Entscheidungen, die, ja, BFC-freundlich waren. Die eine oder andere Entscheidung kann man sicher von allen Seiten gesehen auseinandernehmen. Tatsächlich waren wir, wie 99,9 Prozent aller Schiedsrichter auch, als sehr charakterfest angesehen." (Sigfried Kirschen, Oberliga-Schiedsrichter)

Eine umstrittene Schiedsrichterentscheidung von Bernd Stumpf im März 1986 für den BFC-Dynamo führte zur lebenslangen Sperrung des Schiedsrichters, ein im Jahr 2000 aufgetauchtes Video beweist jedoch die Korrektheit des damaligen Strafstoßpfiffes und die unberechtigte Sanktion Stumpfs. Jedoch kann man Stumpf mangelndes Fingerspitzengefühl vorwerfen, da er sehr lang Nachspielen ließ, obgleich das ganze Stadion pfiff und Schiebung brüllte, als sehr spät der Elfmeter „stattfand".

Einige Spieler nutzten die Gelegenheit, sich nach Spielen gegen Mannschaften der BRD in den Westen abzusetzen, sie tauchten zur Abreise ihrer Mannschaft nicht wieder auf. Besonders peinlich war dies den Staatsoberen, wenn mal wieder ein Spieler des verhassten BFC Dynamo in den Westen geflüchtet war. Bei den folgenden Spielen der Oberliga wurde von den Fans genüsslich deklamiert: „Wo bleibt denn der Eigendorf?“ oder „Wo bleibt denn der Falko Götz“? Lutz Eigendorf galt als „Beckenbauer der DDR“, bevor der sechsmalige Nationalspieler vom BFC-Dynamo 1979 nach einem Spiel gegen Kaiserslautern in der BRD um Asyl bat. Sein Name verschwand aus den Annalen und Statistiken des DDR-Fußballs, seine Frau, Tochter und Eltern hatten erhebliche Repressalien zu erleiden. Knapp vier Jahre nach seiner Flucht verunglückte der auch im Westen unter Beobachtung der Stasi stehende Spieler von Eintracht Braunschweig unter ungeklärten Umständen tödlich mit seinem Alfa Romeo.

Auch Frank Lippmann von Dynamo Dresden, der 1986 nach einem Spiel gegen Bayer 05 Uerdingen in der BRD blieb, wurde jahrelang von der Stasi beschattet und in der DDR-Presse verhöhnt. Nahezu alle geflüchteten DDR-Spieler und Trainer wurden in der BRD bespitzelt und/oder zur Rückkehr überredet. Bei Nichterfolg schreckte die Stasi nicht vor Anschlägen auf das Leben prominenter Flüchtlinge zurück. So erging es Jörg Berger: Der Trainer der Nachwuchs-Auswahlmannschaft der DDR nutzte 1979 ein Spiel in Jugoslawien, um in den Westen zu flüchten. Dort übernahm er als erste Cheftrainerstelle die Mannschaft von SV Darmstadt 98 (2. Bundesliga). Seine zurückgebliebene Familie in der DDR erlitt fortan Repressalien und Berger wurde von der Stasi im Westen intensiv beschattet, erhielt Morddrohungen. Möglicherweise wurde ein Gift-Anschlag auf sein Leben verübt. „Für meine Begriffe sind es doch erstaunlich wenig Oberliga-Spieler, die abgehauen sind, nachdem sich das Sportsystem hier in den 1950er Jahren etabliert hatte. Beim BFC waren das Eigendorf, Poklitar, Starost, Götz, Schlegel. (Horst Friedmann, Sportredakteur Deutsches Sportecho)

Die 1980er Jahre bedeuteten fußballerisch einen Rückschritt. Der vom Fan-Volk als Schiebermeister verschriene BFC Dynamo holte einen Meistertitel nach dem anderen, die Nationalelf verlor gegen Nationen wie Griechenland und Finnland, in der Oberliga tauchten plötzlich Teams wie Fortschritt Bischofswerda und Chemie Buna Schkopau auf. Mittelmaß allerorten – bis auf die Endspielteilnahme des FC Carl Zeiss (1981) und des 1. FC Lok Leipzig (1987) im Europacup der Pokalsieger, die allerdings vergeigt wurden. Der Fußball dämmerte vor sich hin, ein exaktes Spiegelbild der Gesellschaft. Frisch gesichtete Frauenfußballerinnen wurden von Funktionären kritisch beäugt, von Fans kaum wahrgenommen. Ihre Meisterschaften fungierten unter „Besten-Ermittlungen", als Leistungssport wurde Frauenfußball nicht gefördert. Das erste Länderspiel der DDR fand am 9. Mai 1990 in Babelsberg statt. Es endete 0:3 gegen die CSFR und war gleichzeitig das letzte Länderspiel einer DDR-Frauennationalmannschaft.

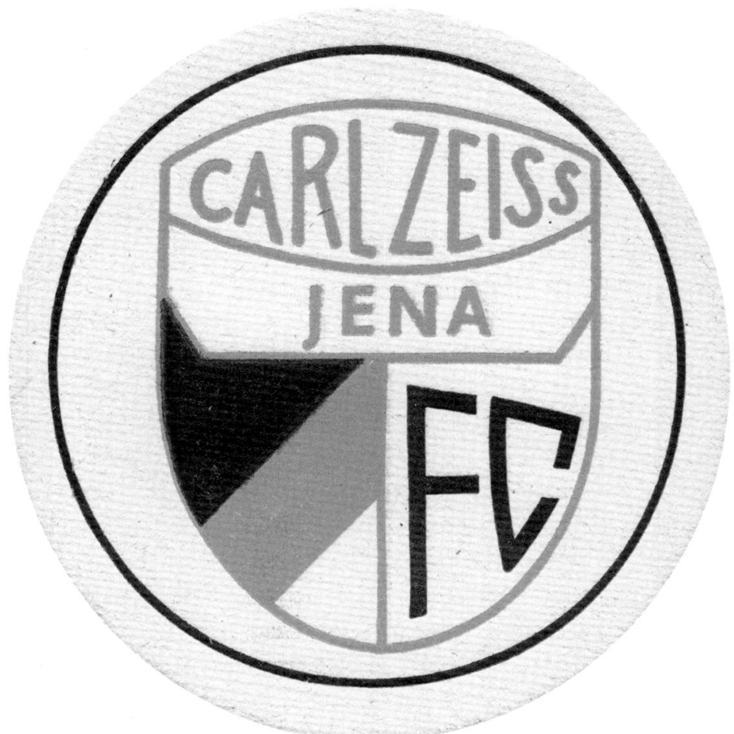

Bierdeckel vom FC Carl Zeiss Jena

„Alle Dinge ureigen, selten, fremd, vermischt; / Was immer unstet ist, (wer wüßte wie?) gescheckt; / Mit süß, sauer; blendend, bleich; schweigend, beredt; / Er hebt hervor, dessen Schönheit ohne Wandel ist: / Ihn prei´s im Gebet.
(Pied Beauty, Gerald Manley Hopkins)

Gelobt sei der Fußball für gescheckte besser Spieler. Diese aus Leid und Schmerzen geborenen Gestalten, deren Wasserzeichen das Stehaufmännchen ist.

September 1977. Ein kühler Sommerabend in Jena, von der nahen Saale wabert der Nebel. Das Stadion schimmert im Glanz des Europapokals. Tausende Zuschauer halten die Luft an. Einer der Spieler heißt Lutz Lindemann – er ist am Ziel seiner Träume. Sieben Jahre hatte er darauf warten müssen. Lutz Lindemann war einer der größten Individualisten und Freigeister im DDR-Fußball, in dem vor allem das Kollektiv zählte. In Halberstadt 1949 geboren, wurde sein riesiges Talent frühzeitig erkannt. Mitte der 1960er Jahre besuchte er bereits die Kinder- und Jugendsportschule in Magdeburg. „Ich spielte im Mittelfeld, mal zentral, mal kam ich über die Seite. Ich war technisch stark, schnell und wollte nie im Tor oder in der Verteidigung rumstehen." Sein Vorbild war Pelé, „Die Schule lief nebenher. Im Geografieunterricht bereitete ich mich innerlich auf meine Weltkarriere vor und kannte alle wichtigen Fußballorte auf der Weltkarte aus dem Effeff."

Die DDR war der BRD in der Nachwuchsarbeit haushoch überlegen. Nicht umsonst wurde, nach anfänglichem Zögern, das System der DDR-Sportschulen nach der Wende übernommen. Alle Jugendlichen waren hungrig nach Fußball, der Fußball war auch in der DDR die beliebteste Sportart, obwohl die Bonzen Einzelsportarten bevorzugten. Die Funktionäre schielten immer nach dem Medaillenspiegel, hier wollten sie die DDR auf einem Spitzenplatz sehen. Es war billiger, einen Sportler umfangreich zu fördern und nach oben zu führen, im Fußball mussten es mindestens elf sein. „Ich konnte mit einem Tennisball jonglieren, im Sitzen, im Liegen, während des Aufstehens. Ich hab als Kind im Freibad jongliert, da haben die Leute gedacht, was hat der arme Junge für ein Geschwür am Fuß? Die Amplitude war so kurz, Fuß-Ball. So ne große Blase! Nein, es war der Ball!"

Über die Kreisauswahl landeten die Jahrgangsbesten in der Bezirksauswahl, ausgewählt vom jeweiligen Bezirksfachausschuss Fußball mit einem Bezirkstrainer, der in den Kreisen seine Verbindungsleute hatte. Dort wiederum wurden die besten Spieler in die DDR-Auswahl geholt. Sie wurden ständig beobachtet von Trainern des DTSB (Deutscher Turn- und Sportbund), die der Staat bezahlte. Lutz durchlief sämtliche Nachwuchsnationalmannschaften der DDR und war häufig als Kapitän und Lenker im Mittelfeld aufgestellt.

Ab 1967 spielte er in der A-Jugend des 1. FC Magdeburg. „Ich wurde in der A-Jugend als bester Spieler ins Mittelfeld gestellt, obwohl ich altersgemäß B-Jugendspieler hätte sein müssen. Wir fuhren damals alle auf Walter Ulbricht ab, weil er so schön Tischtennisspielen konnte und den Sport als wichtige gesellschaftliche Arbeit einordnete. Das bedeutet für uns, wir konnten uns politische Zirkel in unserer Freizeit sparen, die ansonsten jedes Kind in der DDR besuchen musste." Doch der Wechsel ins Männerlager misslang. Hein Krügel, der spätere Meistertrainer des FCM und heutige inoffizielle Stadionheilige, erkannte das Talent Lindemanns nicht und schob ihn in die 2. Mannschaft ab. Das passte dem jungen Helden gar nicht in den Kram. Als Späher von Stahl Eisenhüttenstadt um einen Wechsel buhlten, wurde er sehr schnell schwach.

Aber man konnte in der DDR nicht einfach so den Fußballclub wechseln, es sei denn, es gab Unterstützung von ganz oben, dann ging wirklich alles. „Ich war naiv, vertraute den Hütte-Leuten, dachte, das wird schon und richtete im Geist bereits meinen Spind in der Spielerkabine ein. Ich hab mich von den Leuten überreden lassen und bin als ahnungsloser, junger und unerfahrener Mann mit denen nach Eisenhüttenstadt gefahren. Die wollten mich, haben mir eine Berufsausbildung und eine Erwachsenenqualifizierung versprochen, mehr Geld." In der DDR war es illegal, Spieler von Schwerpunktklubs abzuwerben. Der 1. FC Magdeburg beschwerte sich 1967 beim Fußballverband. Der bestrafte Stahl mit einem Vier-Punkte-Abzug wegen unerlaubter Spielerziehung, DDR-Sprachregelung für Abwerbung. „Aus örtlichen, egoistischen Gründen wurden in Eisenhüttenstadt unter grober Verletzung der Prinzipien unserer sozialistischen Gesellschaft und unserer sozialistischen Sportorganisation den Spielern der 1. Ligamannschaft, den Trainern und Funktionären ungerechtfertigte materieller Vorteile gegenüber den anderen Fußballsektionen verschafft. (…) Es wurden finanzielle Mittel verschiedener Fonds des Betriebes unberechtigt für sportfremde Zwecke verausgabt. Es wurden ungerechtfertigt Zuwendungen gezahlt und somit die finanziellen Mittel der Werktätigen gröblich und fahrlässig zum Teil für persönliche Zwecke missbraucht."

Ende September 1967 senkte sich das Schicksal in Form einer Spielsperre über Lindemann. Das Urteil: Mehrere Verstöße gegen die sozialistische Sportbewegung, eineinhalb Jahre Sperre für jeglichen Fußballspiel- und Sportverkehr bis Ende 1968. „Ich durfte nicht wechseln. Ich hätte nicht mal im Altersheim kicken können. Man wollte mich erziehen, ein Exempel statuieren, einem jungen Spieler zeigen, dass er nichts ist. Ich war gerade achtzehn Jahre alt."

Lindemann musste seinen Magdeburger Trainingsanzug gegen einen Arbeitsanzug, eine Lederschürze, einen Schutzhelm, Schutzhandschuhe, eine Schutzbrille und eine Schleifhexe im RAW (Reichsbahnausbesserunsgwerk) Halberstadt tauschen. Statt in der Oberliga zu kicken, durfte er fortan Schweißnähte der Dreh- und Untergestelle von Reisewagen abschleifen. Im DDR-Fußball wurden mündige Spieler nicht gefördert. Es gab keine eigene Meinung. Es galt das Diktat, halt die Fresse und mach, was man dir sagt. Es galt das Prinzip der Unterordnung: Man konnte aufgehen, aber nur im Team.

Nach seinem Rausschmiss in Magdeburg kam es für Lindemann noch schlimmer. Bei einer Feier im nahen Grenzgebiet schimpfte er die Herbergsmutter „Kommunisteneule". Nur durch seine „freiwillige" Verpflichtung zum dreijährigem Armeedienst und dem Eintritt in die SED konnte er einer Haftstrafe entgehen. „Randberlin, trostlos. Inmitten des Waldes, Zelte, ein paar Baracken. Dort hab ich gemerkt, wie kalt es abends in einem Zelt sein kann. Wenn der Wind reinpfeift, ein einsames Käuzchen schreit und das spärlich tröpfelnde Wasser in der Dusche nur fast lauwarm ist. Zehn Wochen lag ich dort im Dreck. Jeden Tag Grundausbildung. Jeden Tag Drill. Die einzige Abwechslung: Wir schauten Fuchs und Hase beim Gutenachtspaziergang zu."

Wieder half ihm der Fußball, die Schlinge um den Hals ein wenig zu lockern. Der BFC Dynamo meldete sich und stellte einen Platz im Team in Aussicht. Im Dezember 1968 kickte Lindemann mit ein paar Soldaten in einer Sporthalle. „Nach zehn Minuten verdrehe ich mir das Bein. Wahnsinniger Schmerz, ich falle um wie eine morsche deutsche Eiche. Die Jungs haben mich zum Med-Punkt getragen. Sonntagnachmittag, kein Mensch da. Das Bein war im Winkel abgeknickt, sah übel aus. Dann lag ich ein paar Tage, Knie auf Kalbskopfgröße geschwollen. Irgendwie hat man dann festgestellt: linker und rechter Meniskus im Knie sind gerissen."

In den 1960er Jahren war eine Meniskusoperation tödlich für Leistungssportler. „Alles ist über mir zusammengebrochen. Ich kam in den Genesungszug für verletzte Soldaten. Für drei Monate. Es ging immer um Mitternacht ab in die Katakomben der Kaserne. Unter dem Speiseaal war ein großes Kartoffellager. Ich wurde Spezialist im Kartoffelschälen, jeden Tag für tausende Soldaten, mit mächtigen Maschinen. Ich schälte und blickte in ein schwarzes Loch." Im März 1969 wurde er in der Charité operiert. „Im Sommer 1969 bin ich von der Kaserne ins Internat des BFC Dynamo nach Hohenschönhausen gezogen. Natürlich hatte ich keine Chance in der 1. Mannschaft, doch die 2. Mannschaft spielte in der Bezirksliga, das waren gute Leute. Es hat aber auch dort nicht gereicht, ich war nicht in der Lage, körperlich mitzuhalten."

Lindemann wurde aus gesundheitlichen Gründen vom Armee Dienst freigestellt, zog zurück nach Halberstadt, bekam mit seiner Frau einen Sohn und kickte wieder zaghaft für Halberstadt. Wie durch ein Wunder heilte sein Knie. Ein Jahr später klopfte der Zweitligist Motor Nordhausen an die Tür und verpflichtete ihn. „In Nordhausen mussten wir Spieler Donnerstag und Freitag von 7 bis 14 Uhr arbeiten. Montag, Dienstag, Mittwoch war frei. Ich war eine Art Schlosser. Ich konnte nichts, war aber immer da und habe meine Zeit damit verbracht, mich unsichtbar zu machen. Wir waren geduldete Hilfsarbeiter. Wer sich mit seinem Brigadier gut verstand, konnte auch mal Kaffee trinken gehen, sich verstecken. Mein Brigadier stand am Wochenende auf den Traversen des Stadions und hat am lautesten geschrien. Wenn er mich nach dem Spiel im Betrieb antraf, sagte er streng ‚Du warst gut' oder ‚Na, du Pfeife'. Wir haben 750 DDR-Mark brutto verdient. Netto 600 und ein bisschen. Dann haben wir vom Motor noch 200 dazu bekommen. DDR-Durchschnittsgehalt. Hintenrum gab's nichts. Kein Auto, keine Einbauküche, kein Fahrrad, höchstens mal ne Tüte Schrauben."

Nach einem halben Jahr wurde Rot Weiß Erfurt auf den genesenen Wunderknaben aufmerksam, zitierte ihn zum Nordhäuser

Clubchef: „‚Es gibt einen Parteiauftrag und wir haben dich zu delegieren. Du fährst nach Erfurt, machst die Untersuchung und dann bist du Spieler bei Rot-Weiß Erfurt.‘ Drei Tage später wurde ich mit einem PKW abgeholt und nach Erfurt gefahren, zur sportmedizinischen Untersuchung. Die haben sich mein Knie gar nicht richtig angeguckt. Sie haben die Narben nicht gesehen. EKG war ok, Füße gerade gewachsen, Ohren sauber“.

Von 1971 bis 1977 spielte Lindemann fortan in Erfurt. Mitte der 1970er Jahre wurde er erstmals für die U23-Auswahl der DDR nominiert. „In Dänemark machte ich erstmals Bekanntschaft mit Rasierschaum. Wir hatten Freizeit, durften in die Stadt. Kopenhagen war die erste bunte Stadt, die ich erleben durfte. Der Westen wurde von uns ‚die bunte Welt‘ genannt. Wir sind auf einem Streifzug durch Kopenhagen in das Magazin du Nord gestolpert. Im Souterrain lag die Kosmetikabteilung. Ich studierte, wie die Menschen sich dort mit himmlischen Düften aus Dosen und Flakons besprühten und verzückt ihre Handrücken beschnüffelten. Ja, dachte ich, damit du nicht als DDR-Bürger auffällst, solltest du dich auch mal besprühen. Ich wollte mein Gesicht mit Gesichtscreme dekorieren und hab mir ohne eingehendes Studium eine der Sprühdosen gegriffen. Ich schnappte mir unwissentlich Rasierschaum und expedierte einen dicken Pilz Rasierschaum auf meinen Handrücken. Alle Besucher der Kosmetikabteilung blickten mich amüsiert an, als ich versuchte, die dicke, weiße Paste auf meinem Körper zu verreiben. Dieses einschneidende Erlebnis mit den Tücken der kapitalistischen Kosmetikindustrie hat sich in meine Erinnerung eingecremt. Seitdem wusste ich, was Konsumterror ist.“

1977 holte ihn der FC Carl Zeiss Jena. „Für die Erfurter Fans war mein Wechsel 1977 nach Jena pures Dynamit! Nach dem Wechsel von Schnuphase hatte sich Jena schon wieder in Erfurt bedient. Flugblätter wurden verteilt, die SED mit Eingaben besorgter Fans genervt, die Zeitungen mit Leserbriefen gelöchert – doch es half alles nichts. Erzfeind Jena bekam sogar Rückendeckung aus Berlin von Nationaltrainer Buschner. Als Schwerpunktclub würde Jena Lindemann gut gebrauchen. Das war der Beginn der erbitterten Feindschaft vieler Erfurter Fans gegenüber dem Jenaer Club.“

In Jena bekam Lindemann von Hans Meyer den Feinschliff, der ihn zum Nationalspieler und Europapokalhelden machte. „Wenn unser Trainer Hans Meyer in Jena in der Mittagspause einen Spieler zum Einzelgespräch bestellte, wusste jeder: Der ist fällig. Kein Vergleich mit heute, wo man Spieler wie ein rohes Ei behandeln muss, der Spielerberater daneben sitzt und du als Coach zuallererst ein guter Allgemeinpsychologe sein musst, weil der Wellensittich der Spielerfrau sich das Bein gebrochen hat und der Spieler deshalb am Wochenende zum Trauerseminar muss und nicht spielen kann. Wir waren 1977 schnell eine homogene Einheit. Privat machte jeder seins, elf Freunde waren wir auf dem Platz, die Jungen unternahmen auch mal was zusammen. Die Leute mit Familie waren aber bei ihrer Familie. Ein-, zweimal im Jahr trafen wir uns zum Würfelabend. Es artete niemals aus, alles schien geplant und jeder hielt sich daran. Wir waren brav wie die Kirchenmäuse."

Lutz Lindemann war 1977 auf dem Gipfel angelangt. Mit achtundzwanzig hatte er sein großes Ziel erreicht. Im Europapokal debütierte er 1977 gegen Altay Izmir in Jena. „Altay Izmir war 1977 mein erstes EC-Spiel. Mein erstes WM-Qualifikationsspiel war 1978 in Izmir. Ich hab nach dem Spiel mit meinem türkischen Gegenspieler das Trikot getauscht. Nach Spielende sollte ich es zurückholen. Das machte ich nicht und musste dafür 200 DDR-Mark Strafe bezahlen. Ich habe das Trikot später in der DDR an Handwerker verschenkt. Bestimmte Arbeiten waren in der DDR wegen der allgemeinen Mangelwirtschaft nur mit Sonderprämien an die ausführenden Handwerker möglich."

Vier Jahre später war das Finale im Pokal der Pokalsieger in Düsseldorf 1981 gegen Dinamo Tiflis, sein 21. und letztes EC-Spiel. Einundzwanzig Spiele, sieben Tore, ein verpasster Finalsieg. In diesem Zeitrahmen gab es keinen erfolgreicheren Spieler in Jena. Er war ein wichtiger Spieler bei Hans Meyer, „ich war aber anders, bissig, frech, laut, das war nicht immer mein Vorteil." Im offensiven Mittelfeld machte er den Unterschied.

„Wenn du mit Hanns Meyer redest, wird er sagen, ich hatte eklatante Schwächen im Rückwärtsgang. Ich sah das nicht so, hab aber schon ein-, zweimal gesagt, ‚die Dreckarbeit ist was für die Arbeiter'! Es gibt Ballhasser, Ballfresser und Ballkönige. Zu letzteren gehörte ich."

Lindemann wurde zu Meyers glorreicher Zeit Spielgestalter in Jena. Wie alle Jungs, die auf der Straße das Kicken lernten, hatte er immer diesen Traum. Maradona, Pelé, Zidane, Lindemann und auch Matthäus trugen sie auf ihrem Rücken: Die legendäre

Nummer 10. Sie alle waren Weltklasse. „Maradona, Pelé, Zidane waren Weltklasse, ich sehe mich nicht in dieser Region. Die Nummer 10 war und ist der Inbegriff der Kreativität. In einem anderen Tempo gespielt, sieht man das auch in unteren Ligen."

Lindemann war ein zentraler Mittelfeldspieler, ein Spielmacher, der auf der Zehnerposition auch mal mit der Nummer acht gespielt hat. Er spielte mit der Nummer zehn in Jena und in der Nationalmannschaft. In der DDR wurden die Nummern variabel verteilt, den Spielern wurden Nummern zugeteilt, die nicht immer die Position wiederspiegelten. In der DDR war die Trikot-Nummer 10 für alle Fans der Inbegriff des Schönen. Die Funktionäre sahen das anders, der Fußball in der DDR wurde über das Kollektiv definiert. „Der Zehner hat oft andere Mittel als der klassische Kämpfer. Es gab in jedem Oberligateam herausragende Spieler, die sich aber nie als Star sahen, oder so bezeichnet wurden, weil das DDR-System keinen Starkult wollte. Sie konnten einen Starspieler nicht verhindern, das war Jürgen Sparwasser nach dem 1:0 Sieg gegen die BRD. Mit seinem Tor ist er weltweit bekannt geworden." In der DDR waren Individualisten gern gesehen, wenn sie ihre genialen Ideen in den Dienst des Teams stellten.

Die psychische Belastung eines Staatsamateurs war enorm. Die Trainingsanforderungen zu jener Zeit waren hoch, die Betreuung befand sich aber noch in den Kinderschuhen. Wer sich nicht selbst aufbauen bzw. therapieren konnte, war arm dran: „Es war brutal, es hat sich keiner darum gekümmert, was in unseren Köpfen abging."

Lutz Lindemann hat seinem Publikum und sich selbst Europapokalträume erfüllt. „Ich glaube, es gab bessere Spieler als mich. Es gab erfolgreichere, weil deren Karrieren linear erfolgten. Meine war eine Achterbahn. Ich war drei Jahre raus. Gebrandmarkt durch meine Verstöße gegen die sozialistische Sportbewegung und eineinhalb Jahre verletzt. Versehen mit dem Stempel: mit Vorbehalt genießen, wer weiß was mit dem ist, na du weißt schon, passt mal auf den auf, wie der soll mit in den Westen? Man hat mir das nie ins Gesicht gesagt, aber ich hatte immer das Gefühl, als sei ich ewig auf Bewährung unterwegs. Wenn du es dann all den Arschlöchern zeigen kannst, wenn du deinen Weg trotzdem gehst, den vielleicht mein Vater fünf Jahre früher geträumt hat! Niemand hat mir das zugetraut, als ich mich in Erfurt 1977 verabschiedete, diese hässlichen Bemerkungen. Um in die Nationalmannschaft zu kommen, musste ich international spielen. In der Folge war ich mal ein paar Spiele in der Nationalmannschaft verletzt, als ich in Belgrad kurz nach Spielbeginn rausgetreten wurde. Sonst hätte ich vielleicht dreißig Länderspiele gehabt, doch meine einundzwanzig habe ich alle einzeln genossen.“

Lutz Lindemann lebte bis 1989 in der DDR. „Ich hatte Familie in Jena, eine süße Frau und zwei süße Kinder.“ Nach der Wende baute er von 1992 bis 2002 den FC Erzgebirge Aue auf und war danach als Trainer, Scout, Präsident, sportlicher Leiter und Manager bei diversen Clubs wie dem FC Carl Zeiss Jena, den Sportfreunden Siegen oder dem Halleschen FC tätig. Von 2016 bis 2017 arbeitete er als sportlicher Leiter und Trainer im Kosovo. Seit Juli 2018 kommentiert er für den MDR die Spiele der 3. und 4. Liga.

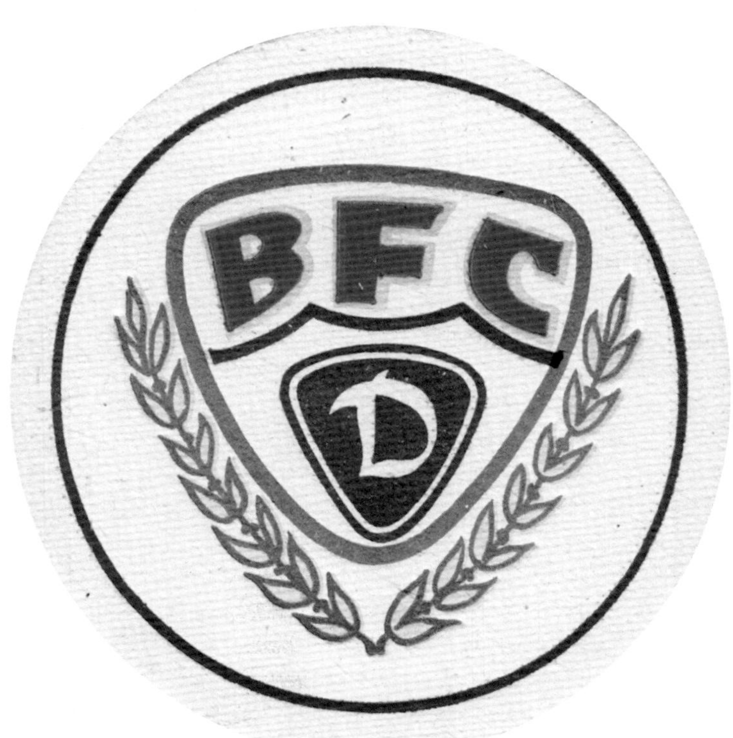

Bierdeckel vom BFC Dynamo Berlin

Maradonow auf dem Lindenberg – sowjetische Fußballer in der DDR

Die Freundschaft zwischen der DDR und der Sowjetunion war von oben verordnet – was sich auch in den Fußballbeziehungen zeigte. „Mooodooohr, Mooodooohr!", brüllte es in den 1970er Jahren aus vielen Kehlen, wenn die Kicker der BSG Motor Weimar im heimischen Sportpark am Lindenberg das Tor des Gegners belagerten. Motor spielte in der zweiten Liga der DDR einen guten Stiefel, die Arbeiter und Bauern Thüringens pilgerten in großer Zahl zu den Heimspielen. Die Spieler der ersten Mannschaft waren allesamt pro forma beim Landmaschinenbaukombinat Fortschritt angestellt, als Erbauer fröhlicher Mähdrescher. Die realsozialistische Wirklichkeit sah anders aus.

Die Kicker erblickten nie einen Mähdrescher aus nächster Nähe und dran herumschrauben mussten sie erst recht nicht. Motor kickte gemütlich in der zweiten Liga, dafür wurden die Spieler berappt. Der Westen nannte sie verbittert „Staatsamateure". Aber die Spieler waren Chefs in den Weimarer Discos und wussten, wo der Krimsekt floss. Ich war ein Kind der seltsamen Diktatur von Dachdeckern und Bauernlümmeln und spielte anfangs bei Motor, um später bei wichtigen Klubs wie Post Weimar, Traktor Kromsdorf oder Empor Weimar zu brillieren. Motors Fußballspiele auf dem Lindenberg waren Volksfeste. Bratwurstdüfte schwängerten die Luft und wetteiferten mit feinen Bockwurstaromen. Die Vereinskneipe unter der Holztribüne platzte aus allen Nähten, Ehringsdorfer Hell und Rote Brause flossen in Strömen. Der Fußballplatz war Treffpunkt und Meckerecke.

Die kleinen Leute ließen die Seele baumeln, man nölte über Versorgungsengpässe und ließ nach dem vierten Bier auch mal die Fäuste zärtlich kreisen. Wir Jungs bolzten auf einem Nebenplatz und nahmen die ersten Mädchen in Augenschein. Das Idol aller Weimarer Fußballfans hieß Gisbert Job. Er war Weimars Mannschaftskapitän, spielte im Mittelfeld und dachte das Spiel. Er bediente den wilden Weimarer Stürmer Wolfgang Dummer mit Traumpässen, die jener lauffreudige Blitz kraftvoll in gegnerische Tormaschen drosch. Häufig bediente er auch sowjetische Gastspieler, in Weimar der Einfachheit halber Russen genannt. Weimar war Garnisonsstadt und der Trägerbetrieb der BSG Motor Weimar (das Landmaschinenbaukombinat) pflegte gute Kontakte zu den Freunden, wie man in der DDR offiziell die Sowjetbürger nannte. Sie kamen aus Russland, der Ukraine und den asiatischen Sowjetrepubliken.

Der positive Kontakt zu den Besatzern befruchtete Motor, so gab es von 1976 bis 1984 einen stetigen Nachschub an Spitzenspielern aus der Sowjetunion. Das Thüringer Volk verteilte schnell klangvolle Spitznamen. Dawidow wurde zu Maradonow und Alijew zu Ali. Ali-mäßig wurde es zuweilen schwierig, da der Stürmer Aschmann, genannt Ascher, von manchem Motorfan wegen seines recht dunklen Teints ebenfalls Ali gerufen wurde. Die einfache Lösung lautete fortan: Ali 1 und Ali 2.

Sowjetische Vereine und die sowjetische Nationalmannschaft standen normalerweise ganz weit unten in der Gunst der Fußballfreunde in der DDR. Jeder Fan hatte einen Bundesligaverein als Zweitverein. Ich kenne wirklich keinen, der sich in den 1970er oder 1980er Jahren für den sowjetischen Fußball interessiert hätte. Offizielle Spiele gegen die Nationalmannschaft der Sowjetunion oder Spiele im Europapokal wurden von den staatstreuen Medien der DDR mit einer besonderen Bedeutung belegt. Diese Bruderduelle wurden propagandistisch ausgeschlachtet, was in den Köpfen der DDR-Fußballfans einen schalen Nachgeschmack hinterließ und nur bei harten Parteikadern zu Freudentänzen führte.

Dann gab es in der DDR noch den SASK Elstal, einen Fußballklub im heutigen Landkreis Havelland. Die Fußballer waren fast ausschließlich ehemalige Spieler von ZSKA Moskau (ZSKA hieß die sowjetische Armeesportvereinigung). Der Klub absolvierte Freundschaftsspiele, war aber nie in Meisterschaften oder Punktspielbetriebe integriert. Ab den 1970er Jahren verlieh SASK ausländische Spieler im größeren Stil an Zweitligavereine. Für die höchste Spielklasse des DFV (Deutscher Fußball-Verband) wurden ausländische Spieler nie zugelassen. Es wechselte auch kein DDR-Fußballer in die Sowjetunion; hier hörte die viel beschworene (und letztlich verordnete) Bruderschaft auf. Spieler aus der ehemaligen Sowjetunion zog es erst nach der Wende nach Deutschland, auch in den Osten. Zwischen 1993 und 1995 hütete die Spartak-Legende Stanislaw Tschertschessow das Tor bei den Dynamos von Dresden. Heute betreut er die russische Sbornaja.

Das deutsch-sowjetische Fußballkapitel wurde von offizieller Seite als Erfolgsgeschichte verkauft. Die Wirklichkeit hinter der

Propaganda sah, wie so oft in der DDR, anders aus. Private Zusammentreffen gab es nur sehr wenige, die kickenden Sowjetsoldaten im Offiziersrang blieben immer Fremde in der sowjetischen Besatzungszone (SBZ), den vielen Millionen einfachen Soldaten wurde der Kontakt zur Bevölkerung verwehrt. Die Weimarer Bürger verloren durch das fußballerische Engagement der Sowjetsoldaten bei Motor ein wenig die Furcht vor den Russen. Die sowjetischen Besatzer waren ungeliebt, es kursierten wilde Gerüchte von Vergewaltigungen, obzwar der einfache Soldat während seiner dreijährigen Stationierung in der DDR die Kaserne nie zum Ausgang verlassen durfte. Die Bedingungen für die Soldaten der ruhmreichen Sowjetarmee waren unmenschlich, Selbstmorde und Fahnenflucht nicht selten die Folge des harten Kasernenlebens.

Dennoch wurde ein glückliches Bild vom Leben der sowjetischen Soldaten durch die sowjetischen Fußballer in der zweiten DDR-Liga vermittelt. Offiziell als Armeeangehörige stationiert, durften sie über den grünen Rasen tollen. Sie waren allesamt Offiziere, die sich für einen langen Dienst verpflichtet hatten. Viele von ihnen spielten ursprünglich bei legendären sowjetischen Klubs in der obersten Spielklasse der Sowjetunion. In der zweiten DDR-Liga durften bis zu drei ausländische Spieler pro Match auflaufen.

Die Russen erlebte ich erstmals am 7. November 1976 beim 5:0-Sieg gegen Motor Veilsdorf. Aubakirow schoss gleich drei Tore, neben ihm stürmte Alijew. Motor vermeldete vier Neuzugänge, die ersten Russen im Motordress waren Aubakirow, Alijew, Abdulgalimow und Chan. Leider traten sie nur sehr unregelmäßig auf, Aubakirow verschwand relativ schnell vom Rasen. Der Grund für sein Entschwinden war nie zu erfahren. Es gaben sich später noch einige andere die Ehre, der bekannteste und populärste war Stepan Marusynez. Tiefe Gefühle hegten wir für „die Walze“ Somin. Namen wie Koslow, Dawidow, Jakowlew oder Janez bringen meine verschüttete Motorseele zum Blinken. Insgesamt waren es über die Jahre 15 Mann. Marusynez kickte von 1976 bis 1981 bei Motor. Er organisierte alles, was die Gastspieler betraf und fungierte als Dolmetscher. Im Pokalspiel gegen den 1. FC Magdeburg im Jahr 1979 sollte er Torjäger Joachim Streich bewachen, dem trotzdem alle vier Treffer zum 0:4-Endstand gelangen. Marusynez arbeitete Anfang der 2000er lange für Bayer Leverkusen in der Betreuung osteuropäischer Profis. Der gebürtige Ukrainer starb 2016 in Leverkusen. In den Zeitungen tauchte er mal als Marussinez auf, dann als Marrusinec, Marushinez, oder Marusinez. Die jeweilige Schreibweise blieb der Fantasie des Journalisten überlassen. Und fütterte unsere Fantasie.

So etwas wie Homestorys sowjetischer Fußballer gab es in der gleichgeschalteten Propagandapresse der DDR natürlich nicht. Private Dinge waren Militärgeheimnisse. Ich hatte über den lokalen Russischklub Kontakt zu Offizieren; doch die Treffen waren langweilige Aufführungen. Wir trugen Gedichte oder Lieder auf Russisch vor, danach lief entweder ein russisches Märchen oder ein sowjetischer Kriegsfilm. Dann sangen wir: Partisanen durch die Steppe ziehen. Meist bekamen wir von den Sowjetoffizieren Lenin-Abzeichen geschenkt und schenkten ihnen Ernst-Thälmann-Abzeichen. Die jeweiligen blechernen „Größten Führer aller Zeiten" wechselten den Besitzer. Getragen haben wir Lenin natürlich nie, sie landeten bei der nächsten Gelegenheit im Mülleimer!

Alles Russische war inoffiziell bei der Jugend verpönt. Niemand konnte mit einem Lenin am Revers Pluspunkte bei den Mädchen machen. Hier musste ein Victory-Zeichen her, mindestens der Aufnäher eines Bundesligavereins. Ich sammelte Fußballabzeichen und tauschte mit Offizieren oder ihren Kindern, wann immer es möglich war, Abzeichen.

Kamerad Snatschok! Die Kasernen waren mit hohen Mauern und Sichtblenden aus Holz verkleidet, doch es gab Löcher – es gibt immer einen Weg. Ich schlüpfte durch und traf mich auf der anderen Seite heimlich mit Jungs. Wir durften bei unseren heimlichen Tauschgeschäften nicht gesehen werden, weder von übereifrigen DDR-Bürgern, noch von sowjetischen Wachsoldaten. Wieder auf der anderen Seite pfiff ich mir eins und brüllte mit den anderen Jungs meiner Schule: „Ras, dwa, tri – Russen werden wir nie!" Selbstverständlich immer nur dann, wenn die Russischlehrerin oder der Staatsbürgerkundelehrer nicht hinhörten.

Die Rückseite der Spaßgesellschaft: Verbrannte Erde zwischen Dresden und Berlin

Die letzte DDR-Oberligasaison 1990/91 endete mit dem Meistertitel für Hansa Rostock. Da bereits vor Saisonbeginn das große Verdünnisieren aus dem Osten stattfand, gab es keine Favoriten mehr. BFC-Star Andreas Thom wechselte noch 1989 als erster Kicker in den Westen. Wer das Geld hat, hat die Macht. Die Zonenclubs konnten nur wertlosen Tand aus Aluminium in die Waagschale werfen. Der dicke Calmund, seinerzeit Manager bei Bayer Leverkusen, heute kurioserweise als selbsternannter Retter von Dynamo Dresden in Sachsen unterwegs, hatte als erster „Hier!“ gebrüllt und die Oberliga mit D-Mark verrückt gemacht. Der Rest der gierigen Meute folgte auf den Fuß, selbst der letzte Dorfclub in Ostfriesland war mit einem mal interessanter als ein ostdeutscher Großstadtclub, solange die Kohle stimmte. Davon hatten sich die Clubs lange nach 1989 nicht erholt.

Mit der letzten Oberliga-Saison 1990/91 war gleichzeitig die Qualifikation für die Teilnahme an der 1. und 2. Bundesliga verbunden (Rang 1/2, 3 – 6). Das letzte Spiel der DDR-Nationalmannschaft fand am 12. September 1990 in Brüssel gegen Belgien statt und endete mit einem 2:0 Sieg.

Sicher hatten die Geschehnisse in den Stadien auch Einfluss auf die politische Wende 1989. Wobei die Wende für den DDR-Fußball eher als Kahlschlag zu begreifen ist. Die DDR-Clubs sahen sich von null auf hundert plötzlich einer neuen und unbekannten ökonomischen Situation gegenüber.

Die Gründe für das klägliche Scheitern des DDR-Fußballs sind vielfältig. Zum einen waren es die erstarrten DDR-Fußballfunktionäre, die bei Karl Marx nicht nachgelesen hatten, wie Kapitalismus funktioniert und es nicht gewohnt waren, selbstständig zu denken. Da in der DDR immer alles „von Oben“ funktionierte. Keiner von ihnen ist Ende 1989 freiwillig zurückgetreten. Anfang 1990 stolpert DFV-Präsident Erbach über einen Geldkoffer und tritt als Erster ab, die Restfunktionäre gingen erst im April über den Jordan. Zum anderen gab es die arroganten DFB-Opis, die ihre Animositäten gegenüber den DFV-Funktionären in den Vordergrund stellten und ihrer solidarischen Pflicht, den Ostfußball in das westliche System zu integrieren, nicht genügend nachkamen. Wenn der DFB seinen ostdeutschen Bruderverband als gleichberechtigten Partner behandelt hätte, wären nicht nur zwei DDR-Teams in die 1. Bundesliga aufgenommen worden. Doch der Westen verhielt sich alles andere als brüderlich, hatte Angst vorm Osten, wo alles „grau in grau" war und ein Saarländer Dachdecker den unfrei gewählten Obermufti geben durfte. Die DFB-Devise lautete unter der Hand: abwarten und absaufen lassen. Dann die Reste zusammenkehren und daraus einen neuen, unabhängigen Verband kneten.

Nicht zu vergessen die Bundesligavereine und deren eifrige Manager. Diese sahen das schnelle Geschäft, ohne sich Gedanken über den künftigen Markt zu machen. Massenhaft strömten DDR-Fußballer in die westdeutschen Vereine. Allein der BFC Dynamo verlor im ersten Jahr nach der Wende zwei komplette Mannschaften in den Westen. Richtig verdient daran haben allerdings nur ein paar alte DDR-Funktionäre, diverse Spielerberater und etliche Bundesligaclubs. Das gute Westgeld versickerte in den DDR-Clubs, die in den Anfangsjahren ein Fass ohne Boden waren. Der reformierte DFV purzelte am 20. November 1990 in die offenen Arme des DFB.

Als „Macher" der deutschen Fußballeinheit wird gemeinhin Moldy Moldenhauer bezeichnet. „Macher", das ist natürlich Quark, er war bestenfalls erster Abnicker und oberster Ja-Sager. Die Einheit wurde in der Frankfurter DFB-Zentrale von Neuberger und Co. „gemacht". Heute gibt Moldenhauer gern zu, dass es noch immer Probleme „in puncto wirtschaftlicher Leistungsfähigkeit" gibt. Wow! Er stellt in der Jubelbroschüre des DFF „Spiel ohne Grenzen – 20 Jahre Fußball Einheit" fest: „Im Osten wurden wirtschaftlich oft irre Sachen gemacht, einer der Hauptgründe, warum die meisten kaputt gegangen sind". Aha! „Die meisten", „kaputt" – Ross und Reiter nennt er selbstverständlich nicht. Trotzdem gibt er indirekt zu, komplett versagt zu haben. Damit reiht er sich nahtlos ein in eine Reihe mutloser Betriebsnudeln.

Anfang der 1990er Jahre übernahmen vielerorts bei ostdeutschen Traditionsclubs Baurülpse aus dem Westen den Präsidentenposten. Ihre Orientierung war, über den Fußball Kontakte zu knüpfen und Geld zu machen. Bei einigen Vereinen hinterließen die Rolf-Jürgen Ottos (Dynamo Dresden) dieser Welt nichts als verbrannte Erde. Fast alle Clubs erlebten die zweifelhaften Freuden einer Insolvenz.

Tausche Aluchips gegen harte D-Mark: Goldgräber, Hasardeure, Krisenwinner bestimmen die Wendezeit 1989–1990

„Rette sich wer kann ins D-Markland" hieß im Jahr 1990 bei vielen DDR-Fußballern die Devise. Allein der DDR-Serienmeister BFC Dynamo verlor eine komplette Mannschaft in den güldenen Westen, der sagenumwobenen Region, wo Milch und Honig flossen. Die politische Wende und die kurz darauf folgende Wiedervereinigung der DDR mit der BRD kann man in fußballerischer Sicht getrost als Kahlschlag der DDR-Oberliga definieren.

Wenn es darauf ankommt, zählt nur die Kohle. Verdiente SED-Genossen im Fußballdress wurden über Nacht astreine Jünger des Kapitals. Parteiausweise wurden reihenweise verbrannt – wer konnte, ging in den Westen, schließlich musste die neue Konsumfreiheit ja irgendwie bezahlt werden. Tausche Aluchips gegen harte D-Mark! Aluchips wurden die Geldmünzen der DDR wenig liebevoll genannt. In der Wendezeit war alles, was nach DDR aussah, verpönt. Die Zuschauerzahl der DDR-Oberliga brachen massiv ein, zum 89er Derby zwischen Jena und Erfurt kamen plötzlich nur noch 2.000 Leute. Der ostdeutsche Fußballmichel wollte als erstes zum Ballermann und danach ein neues Auto. Bundeskanzler Helmut Kohl versprach blühende Landschaften. Wenn Fußball, dann Westfußball. Also ab zu Hertha, Frankfurt oder Bayern.

Die Polizei nahm niemanden mehr ernst, Hooligans aus Ost und West eroberten die Ränge und hauten sich die Lippe dick. Die Polizei rannte (oder sah) weg – außer beim Spiel Sachsen Leipzig (früher Chemie Leipzig) gegen den FC Berlin (früher BFC Dynamo). Im November 1990 wurde Mike Polley bei Auseinandersetzungen zwischen der Polizei und Berliner Fans vor dem Spiel von einem Polizisten versehentlich erschossen. Auf den Rängen herrschte Anarchie, der BFC-Mob hob bei Auswärtspeilen regelmäßig Klamotten- und Elektroläden aus, Raststätten wurden geplündert, zur Aftershow lieferte man sich dann noch ein kleines Gefecht mit lokalen Hausbesetzern.

Und die Spieler? Calmund und seine Sturmtruppen überrollten die Ostclubs in der ersten Welle. Sie kauften alles weg, was neugierig die Schnuppernase reckte und zogen die Ostclubs ordentlich über den Tisch. Die meisten Clubs ruderten ins Verderben. Der

DFB hielt dem DFV der DDR erst nach langem Zögern die brüderliche Hand hin. Der Kapitalismus wütete und hinterließ verbrannte Erde zwischen Rostock und Suhl. Nach Calmund und Konsorten hechteten die Verkäufer von Versicherungen, alten Autos usw. in die Zone und zogen den Ossis abermals das Rest-Fell über die Ohren. Stadien leer, Spieler abgehauen, Vereins-Kassen ebenfalls ratzeleer.

Nun ritten die Hoffnungsträger ein, die dritte Welle brachte die Baurülpse aus dem Westen, die sich vielerorts als Clubchefs versuchten bzw. eigentlich (und überhaupt) nur über die Fußballklubs an gut dotierte kommunale Bauaufträge ran wollten. Jürgen Otto hieß einer der schlimmsten Totengräber (Baurülpse), der Dynamo Dresden für lange Zeit, dank genialer Misswirtschaft, im Niemandsland des Fußballs versinken ließ. Auf den Mond schießen – alle. Wobei inzwischen viele der bösen Buben längst in der Hölle schmoren, fertig gemacht von Insolvenzen, Scheinhinrichtungen

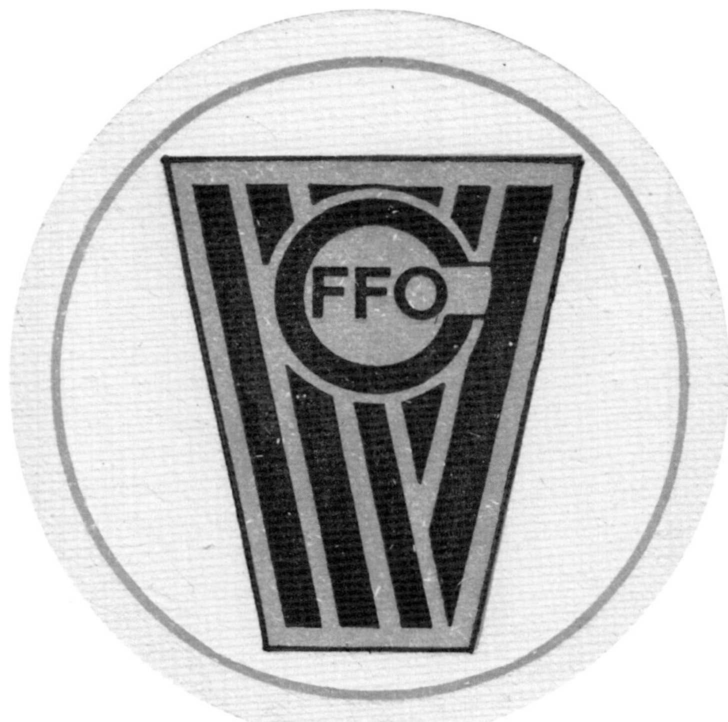

Bierdeckel vom FC Vorwärts Frankfurt

durch die Mafia sowie gierigen Zuhältern dieser Welt. Plötzlich sind auch sie zerbrechliche Wesen, umgeben von einer Welt feindlicher Tatsachen.

Die Sprache des Fußballs ist die Sprache der Gefühle – mal roh, mal sanft. Wollen wir nachtragend sein? Den Goldgräbern, Hasardeuren, Krisenwinnern eine mitgeben? Nein, wollen wir nicht. Weil es nichts ändern würde.

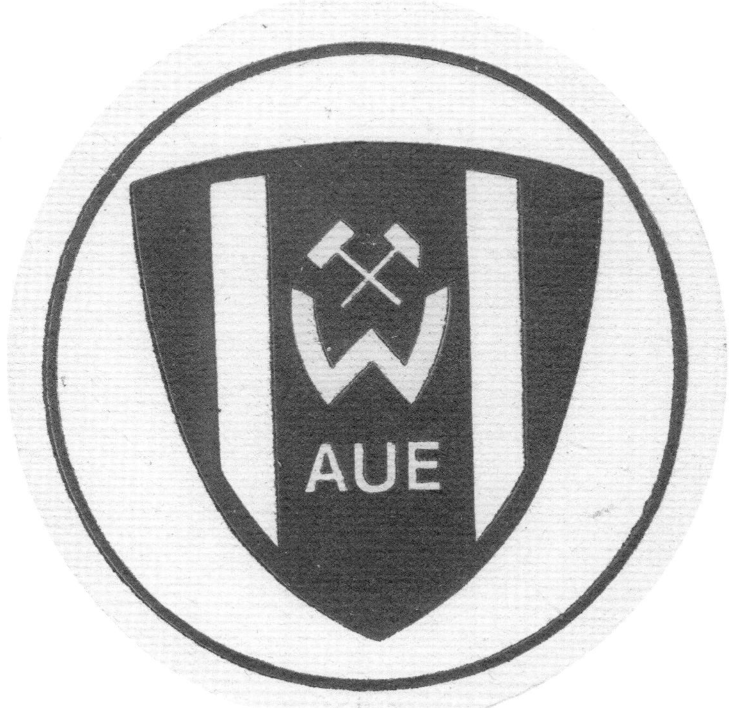

Bierdeckel von BSG Wismut Aue

Fankultur

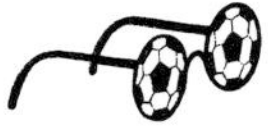

Dreißig Meter im Quadrat, Minenfeld und Stacheldraht. Ihr wisst doch, wo ich wohne – ich wohne in der Zone

„Ich fühle mich in Grenzen wohl!", textete in den 1980er Jahren der Schriftsteller Sascha Anderson. Er beschrieb damit auch die Haltung in den Kurven der DDR-Fußballstadien. Ironie war die Waffe gegen die nicht vorhandene Reisefreiheit (fast) aller DDR-Bürger. Denn nach den Solidarnosc-Unruhen in Polen durften DDR-Bürger mit ihrem Personalausweis ab 1981 einzig die CSSR bereisen. Für Fahrten in alle anderen sozialistischen Staaten benötigten sie ein Visum. Gab es über den Antragsteller allerdings eine Polizeiakte oder war er politisch auffällig, durfte er nicht mal ins sozialistische Ausland reisen. „Probleme hatte ich nicht, die Stasi hat eben Buch über mich geführt. Für die war ich eine Distel im sozialistischen Blumenbeet." (Wolle, Dynamo Dresden-Fan)

Nur DDR-Bürger, die ihr Land im Ausland würdig vertraten, durften die weite Welt des Sozialismus besuchen. Reisen ins kapitalistische Ausland kamen nur für eine Minderheit in Frage. Um in die BRD zu reisen, musste man ein „Hundertzehnprozentiger" sein. Soll heißen: ein überzeugter Parteigenosse der SED (Sozialistische Einheitspartei Deutschlands) mit blütenreiner Weste. Außerdem ein charakterfester Familienvater und gesellschaftlich anerkannter Bürger. Anstandsnormen standen in der DDR hoch im Kurs, doch viele jugendliche Fußballfans pfiffen auf jede Norm, ließen sich die Haare zu lang oder zu kurz wachsen und pflegten ihren schwarzen Hals samt gelben Zähnen. „Wir waren rechts, links, Punk, Hippie, Skinhead. Wir waren direkt und provozierend, lieb und böse, verliebt oder besoffen." Uschi, BFC Dynamo-Fan.

Trotzdem schafften es selbst die schlimmsten Rüpel manchmal, durch die engmaschigsten Netze zu schlüpfen und ihre Lieblingsvereine wenigstens ins sozialistische Ausland zu begleiten. Klug und listig musste man sein, wollte man Jena, Magdeburg, Dresden, den BFC oder Lok Leipzig im Europapokal im Ausland anfeuern. Wie kommt man also unerkannt ins Bruderland? 1. Regel: Reise niemals am Spieltag! 2. Regel: Kämm dir vorm Grenzübertritt die Haare, lies ein Buch (richtig rum halten!) und trinke keinen Alkohol. 3. Regel: Reise einzeln oder in Kleingruppen, schar dich um mitreisende Familien, bleib unauffällig. Nur so konnte man den wachsamen Augen der DDR-Grenzer entgehen, die noch auf den letzten Metern versuchten, die negativ-dekadente DDR-Jugend auf ihren harmlosen Feldzügen ins sozialistische Bruderland zu selektieren.

War der Grenzübertritt geschafft, musste man sich vor der Bruderpolizei in Acht nehmen. In vielen sozialistischen Ländern waren Fan-Utensilien verboten. Ebenso wie Fangesänge und unkontrollierbare Massenansammlungen. Der Schlagstock war ein beliebtes Spielzeug zur Bändigung der Fans. Und wenn der nicht reichte, kamen Hundestaffeln zum Einsatz, um die Treffen zu zerstreuen. So blieben die Fans im Stadion meist ruhig und gaben sich möglichst nicht zu erkennen. Passierte es doch einmal, waren die Reaktionen der Einheimischen sehr unterschiedlich und schwankten zwischen Umarmungen und Einladungen zum gemeinsamen Feiern („Bier, Autobahn, Hitler kaputt, bzw. Hitler gut") bis zu einem flinken Schlag auf die Lippe. Unter ihren Jacken hatten die Fans oft Schals und Fahnen mit. „Die Fahnen waren damals noch selbstgenäht und mit Reißzwecken an Besenstielen befestigt." (Ralf, 1. FC Magdeburg-Fan)

Fußball war Abenteuer, Ausbruch aus der Langeweile „des verordneten Lebenslaufs von der Wiege bis zur Bahre." (Itzek, FCC Jena-Fan) Weit weniger als von der DDR Staats- und Parteiführung gewünscht, gelang es, die Bürger in der „geschlossenen" DDR-Gesellschaft von Einflüssen westlicher Jugendkultur abzuschirmen. Obgleich die Behörden stets bemüht waren, „abweichendes Verhalten" von Jugendlichen zu erfassen und diese zu einer „allseitig gebildeten sozialistischen Persönlichkeit" umzuformen, schaffte man es doch nie, den Informationstransfer westlicher Jugendkultur einzudämmen. Was gestern in Liverpool und Hamburg stattfand, wusste man spätestens eine Woche später im Osten.

Es gab zwar keine Fanzines oder eine Groundhopperkultur wie heute, aber die gute alte Mundpropaganda sorgte für schnelle Verbreitung jeder Art von Nachrichten. Die Szenen waren untereinander vernetzt, die Häuptlinge kannten sich, teils über den Knast, wo man in der DDR sehr schnell landen konnte. Schon das „Ruppen" (Wegnehmen) eines Schals, verbunden mit einer Maulschelle, wurde als räuberische Körperverletzung interpretiert und konnte für den unbedachten Schläger beachtliche Konsequenzen nach sich ziehen. Ein Jahr Knast war die häufige Ausbeute. Für Mehrfachtäter konnte eine Aufenthaltsbeschränkung für den Wohnort die Folge sein. Außerdem hatte der ABV (Abschnittsbevollmächtigte der Volkspolizei) Schlüsselgewalt für die Wohnung dieser Fans und konnte dort jederzeit „nach dem Rechten sehen". Die DDR-Behörden versuchten immer wieder, bestimmte Fangruppierungen zu zersetzen. Knast, das Einziehen zur Nationalen Volksarmee oder die Ausreise in den Westen dezimierten die Gruppen. Doch: „So schnell wie eine verschwand, wuchs schon wieder die nächste nach", stellten die Sicherheitsorgane frustriert fest.

Immer wieder ereigneten sich „Vorkommnisse" in und um die Stadien. Ab Mitte der 1980er Jahre tauchte ein neues Phänomen in den Szenen auf. Über die Mauer schwappte die Skinheadmode in die DDR. Plötzlich marschierten hundert BFC Dynamo-Glatzen mit Bomberjacke durch Dresden und brachten die armen Kaffeesachsen (damals ein gängiges Schimpfwort der Berliner für die Dresdener) im Tal der Ahnungslosen aus der Fassung. „Juden raus" schrie der Mob in den DDR-Stadien gern, wenn zum Beispiel Berliner Mannschaften in der Provinz auftauchten. Mancher Zonenzausel witterte in Berlin eine bestimmte Bevorteilung der Bevölkerung bei der Rationierung von Bananen und anderen Südfrüchten. Doch dass einhundert stramme Berliner Jungs plötzlich „Wer soll unser Führer sein? Erich Mielke!" brüllten und dann noch mit Orangen nach ihnen warfen, brachte selbst altgediente Parteigenossen um den Verstand.

Provokation oder rechte Gesinnung? Es stimmt beides. In einem Land, wo der Antifaschismus Staatsdoktrin war, gab es keine schlimmere Provokation. Also donnerten viele Fans rechte Parolen, doch eine große Anzahl meinte das auch durchaus ernst: „Dreißig Meter im Quadrat, Minenfeld und Stacheldraht. Ihr wisst doch wo ich wohne – ich wohne in der Zone." „Der Tag wird einmal kommen, da sperren wir die Bullen ein, dann wird Großdeutschland wieder eine freie Heimat sein." (Gesänge der Unionfans) Ähnliches passierte bei HFC-Fans, die vorm Spiel Dynamo Dresden gegen den HFC Chemie am 12. August 1989 brüllten: „Judensäue im Sachsenland, heut' werdet ihr abgebrannt". Die Beispiele ließen sich fortführen. Kurios am Rande: Einige stramme MfS-Funktionäre (Ministerium für Staatssicherheit) hatten durchaus Sympathien für die Fußball-Skins, die, anders als die Punks „regelmäßig einer Arbeit nachgehen, und im Gegensatz zu anderen negativ-dekadenten

Jugendlichen eine gute Arbeitsdisziplin und Arbeitsleistung zeigen, außerdem eine positive Einstellung zum Wehrdienst haben, der für sie zum „Deutschtum" gehört", so MfS-Generaloberst Mittig 1988.

Besonders verhasst waren die Fans des BFC Dynamo. Zum einen, weil der Club dem Ministerium des Inneren (Zoll, Volkspolizei, MfS) angegliedert war. Zum anderen, weil alles, was aus der „Zentrale" Berlin kam, in der restlichen DDR nicht gemocht wurde. Die BFC-Fans hatten keine Freunde und zogen ihre Selbstbewusstsein und ihren Stolz daraus.

Fernerhin gab es durchaus Fanfreundschaften. So zwischen den „kleinen" Leipziger und Berliner Klubs Chemie Leipzig und Union Berlin, die unter der Monstranz der ewig Benachteiligten und politisch Diskreditierten kuschelten, obwohl viele Chemiker auch der Meinung waren „Nur ein Leutzscher ist ein Deutscher!". Der Hallesche FC Chemie hingegen liebte Lok Leipzig und ein wenig Rot Weiß Erfurt. Jena und Magdeburg waren sich zwischenzeitlich einigermaßen grün, Riesa und Rostock auch. Das lag häufig an privaten Begegnungen, Knastkontakten oder dem gemeinschaftlichen Erdulden der NVA-Zeit (Nationale Volksarmee).

Zu Auswärtsspielen der DDR-Oberliga reisten die Fans mit der Deutschen Reichsbahn (DR). Exkurs: Die DDR-Behörden waren sich nicht sicher, ob man in West-Berlin die Betriebsrechte behalten würde, wenn sich der Name der Deutschen Reichsbahn ändere, weil nur dieser seitens der Westalliierten die Betriebsrechte gewährt worden waren. Ein beliebtes Spiel war das Austricksen des Ölers (Schaffners), um ohne Fahrkarte unterwegs zu sein. In den Zügen reiste häufig die Trapo (Transportpolizei) mit. Wenn ein Trapo auftauchte, sangen die Fans gern „Knüppel, Knüppel, bumm bumm!" und spürten nicht selten ebendiesen kurze Zeit später auf ihren Rücken tanzen.

Der Fußball war in der DDR unangefochten Volkssport Nummer eins, die Stadien waren gut besucht. Erst gegen Ende der DDR, als die Langeweile überhandnahm, der BFC Dynamo zehnmal Meister in Serie wurde und Fußballrandale anstiegen, gingen die Zuschauerzahlen zurück. Der Stadionbesuch kostete selten mehr als eine Mark. Alkohol war in den Stadien verboten, dafür floss die rote Brause in Strömen und die schlabberige BOWU (Bockwurst) war das Hauptnahrungsmittel der reisenden Fans. Fanprojekte gab es keine.

Als aber die Auseinandersetzungen zwischen Fans und Staatsmacht in den 1980er Jahren zunahmen, musste die Staatsmacht reagieren. „In der Spielzeit 1986/87 wurden insgesamt 960 Störungen der öffentlichen Ordnung registriert, davon 407 in den Stadien selbst, 282 in den Stadtgebieten der jeweiligen Spielorte und 250 auf dem Gelände der Deutschen Reichsbahn", so ein internes Papier des Ministeriums des Inneren. Besonders auswärts tobte der Mob: Sachbeschädigung, Trunkenheit, Urinieren und öffentliche Herabwürdigung von Sicherheitsorganen waren an der Tagesordnung. Immer öfter wurden Passanten Opfer von Gewalttaten. Als zentrales Motiv erkannten die Sicherheitsorgane die „Freude am Angstauslösen bei Angehörigen der Volkspolizei, Reisenden oder Eisenbahnern". Ein Drittel aller Jugendlichen der DDR galt plötzlich als gefährdet und die staatlichen Organe bemühten sich intensiv um „uneinsichtige Störer". Die „erzieherische Arbeit in den Klubs" wurde Ende der 1980er Jahre verbessert, indem man u. a. von den Vereinen bestellte Fanbetreuer einführte, die meist aus der FDJ (staatlich gelenkte Jugendorganisation der DDR) kamen und sich um Vereinsabende, der Organisation von Auswärtsfahren usw. bemühten. Keine klassische Sozialarbeit, eher eine Deckeldrauf-Politik, besonders weil diese Funktionäre auch angehalten waren, FDJ-Fanklubs zu gründen und Namenlisten der Fanklubs zu führen. Diese Listen landeten dann regelmäßig beim Ministerium für Staatssicherheit. Dort wurden die „feindlichen Vorkommnisse" des meist männlichen Volksvergnügens ausgewertet, abgeheftet und scheinbar für die Ewigkeit katalogisiert. Doch die Ewigkeit endete im Herbst 1989.

Anarchie in Ostberlin – Ein Zeitzeugenbericht

In der Saison 1990/91 starb die DDR-Oberliga den Fußballtod. Doch im kollektiven Gedächtnis Fußballdeutschlands blieb sie nicht durch ihre Sammers, Thoms und Kirstens in Erinnerung. Ausufernde Hooligan-Randale, ein von der Polizei erschossener Fußballfan, geplünderte Läden und verwüstete Einkaufspassagen schafften es auf die Titelseiten. Auch der DFB ergab sich hilflos in sein Schicksal und sagte das für Mitte November 1990 geplante Vereinigungsländerspiel in Leipzig „aus Sicherheitsgründen" einfach ab. Besonders die gewaltbereite Fraktion des FC Berlin (ehemals BFC Dynamo) prägte eine ganze Saison.

„Anarchie in Ostberlin" konstatierten BILD und Heribert Faßbender und schickten die Bilder der Randale direkt in die Wohnzimmer der verschreckten Westdeutschen. „Wenigstens in der Randale-Statistik waren wir Ostdeutschen lange Zeit deutschlandweit die Nummer 1", trösteten sich die Hooligans in den ostdeutschen Gefilden, die für den durchschnittlichen Westdeutschen nur den hässlichen Wurmfortsatz der BRD bildeten. Die schlecht organisierte und unterbesetzte Polizei, zu DDR-Zeiten Vollstreckungsgehilfe der SED-Diktatur, blieb im Kampf mit den Hooligans häufig zweiter Sieger.

Tom (Name geändert) war aktiver Teilnehmer der Fußballkrawalle. Er besucht noch immer gelegentlich die Spiele seines BFC Dynamo, der sich am 19. Februar 1990 in FC Berlin umbenannt hatte (erst 1999 erfolgte die Rückbenennung in BFC Dynamo). Heute lebt er am Rand von Berlin und arbeitet in einer Führungsposition in einem Unternehmen in der freien Wirtschaft.

Tom berichtet folgendes: „1990 war ich zwanzig. Zum BFC ging ich seit meinem fünften Lebensjahr, mein Vater hatte mich früh mitgenommen. Mit acht gründeten meine Schulfreunde und ich einen eigenen Fanclub. Mein erstes Auswärtsspiel mit dem BFC war 1983 in Magdeburg. 1990 war dank der vielen Abgänge in den Westen relativ schnell klar, dass mit der aktuellen Mannschaft kein Blumentopf zu gewinnen war. Wir haben dann unser Augenmerk auf andere Dinge gerichtet. Kurz vor der Wende waren viele BFCer nach Westberlin ausreist. Als die Mauer fiel, kamen die zurück und brachten einen gewissen Kleidungsstil mit, den wir alle klasse fanden und übernommen haben. Markenklamotten. Das war casualmässig ein bisschen von England abgeguckt. Ein komplettes Outfit für einen Spieltag waren schon mal 500–1.000 Mark. Wir trugen Best Company, Iceberg, Adidas Torsion, Jacken von Chevignon oder Diesel, teilweise Stone-Island. Man musste schauen, wo man die Klamotten her bekam. Es gab Leute, die haben Taschen gefunden, die vom LKW gefallen waren. Aus diesen Taschen haben wir uns dann für ein Drittel des Preises versorgt. Außerdem gab es das eine oder andere Auswärtsspiel, wo man seinen Kleiderschrank aufhübschen konnte. Ich erinnere mich gern an die Prager Straße in Dresden. Da hat man in einer größeren Gruppe reingeschaut und das Bezahlen immer wieder vergessen. In Elektroläden sind hundert Mann rein, abchecken. Kurz darauf sind die hundert Mann wieder raus, jeder hatte was in der Hand. Das lief ganz gewaltlos ab. Oft hatte man dabei ein Tuch vorm Mund und ne Ray Ban auf der Nase. Damals ganz modern das Acid-Tuch. Das hatte jeder von uns dabei. Wenn man es nicht benutzte, hing es rechts am Körper in einer Lasche der Diesel-Jeans.

Wir sind auswärts meist mit dem Zug gefahren, nur wenige hatten bereits ein schönes West-Auto. Es war kein Problem, in die Städte zu gelangen und dort das zu tun, was man wollte. Die Bullen waren in der Saison nicht immer ernsthafte Gegner. Der Respekt gegenüber der Polizei war gleich Null. Vielen der älteren Fans war die Gängelung durch die DDR-Vopos noch bewusst, die drehten regelmäßig frei und lebten die neu gewonnene Freiheit mächtig aus. Ich war behütet aufgewachsen und hatte zu DDR-Zeiten keine Probleme mit der Ordnungsmacht. Am Alex hab ich 1990 einmal erlebt, wie zwei Transportpolizisten zwei minderjährige BFCer verprügelt haben. Ich hab die zwei umgebügelt, mir die Trapomütze aufgesetzt und bin zu meinen Jungs zurück spaziert. Die organisierten Schlägereien gingen erst 1992/93 los. Die erste abgemachte Sache lief in Schlachtensee. BFC gegen Hamburg/Hannover. Ostberlin hat gewonnen, das ging dann fast die nächsten zwanzig Jahre so weiter.

1990 hatten wir im Osten keine ernsthaften Gegner. Wir sind öfter mal in Skinhead-Clubs, um dort große Trupps von Skins vorzufinden, mit denen wir uns kloppen konnten. Auch die 1. Mai-Demo in Kreuzberg wurde regelmäßig von uns besucht, wir standen immer in der ersten Reihe, wenn eine nette Schlägerei lockte.

Wir haben uns alle fit gehalten, aber nicht so wie heute, wo jeder einen Box-Sack hängen hat. Wir waren Kämpfer der Marke Straßenköter. 85 Prozent unserer Leute waren aber echte Fans des BFC. Wir haben zu Ostzeiten als Fans des verhassten Stasivereins ordentlich Kloppe bezogen. Doch irgendwann sind wir stehen geblieben, haben uns gerade gemacht und das Blatt wendete sich. Unser Auftreten zog dann unheimlich viele Jungs an, die dieses Bad-Boy-Image lockte. Es kam das ganze orientierungslose Jungvolk dazu, die auswärts aus 100 Leuten plötzlich 1.000 machten. So kam es zu dieser ordentlichen Truppe von Dritte-Halbzeit-Jungs. Wir sind mit 1.000 Verrückten, von denen nicht einer einen Fan-Schal umhatte, irgendwo in Sachsen aufgetaucht und haben alles zerkloppt. Ich kenne Leute, die haben sich ganze Wohnungseinrichtungen bei Auswärtsspielen mitgenommen. Die haben ihren Zettel abgearbeitet, sind mit Transportern vor den Läden aufgetaucht und auch nur deshalb mitgefahren. Bei vielen Fahrten sind wir in die Tankstellen rein, man stand dann im Laden, es war alles umsonst, man wusste gar nicht, was man mitnehmen sollte, so haben wir irgendeinen Scheiß mitgenommen. Der Kollege hatte seine Kasse geschnappt und sich irgendwo versteckt und seine Tankstelle aufgegeben. Es hat keinen interessiert, das sind alles Sachen, wo es nie zu einer Anzeige kam.

Wir hatten eine Fanfreundschaft mit Bochum, die waren ab und zu mit. Zwei, drei Herthaner auch, das war aber unbedeutend. Einmal waren wir mit achtzig Mann in Braunschweig, da hab ich zum ersten Mal gesehen, wie sich jemand Heroin gespritzt hat. In meiner Truppe waren Drogen und Alkohol verpönt. Bei uns gab's die Regel: wenn wir wussten, es knallt, gab es auf der Hinfahrt keinen Alkohol. Den ersten Joint haben wir 1991 probiert, dann ging es relativ schnell, dass fast alle von uns Speed und Ectasy nahmen, das später von Koks abgelöst wurde. Das lag auch am Techno, wo es jedes Wochenende irgendeinen Rave im Keller gab. Natürlich haben wir bei den Spielen auch die Mannschaft angefeuert. „Alle sind sie da, alle sind sie da, außer Erich Honecka“ oder „Wer soll unser Führer sein? Erich Mielke!“ waren die Hits. Das hat die Provinzler völlig verstört, wenn diese Lieder aus eintausend Kehlen erklangen. Das war ein Heidenspaß.

Der harte Kern, 150–200 Leute, von denen ist keiner rechtsradikal gewesen. Die Republikaner, die NPD, die Nationale Alternative haben damals versucht, uns zu rekrutieren. Wir sind auch zwei, dreimal in den besetzten Häusern der NA in der Lichtenberger Weitlingstraße gewesen, weil sich zehntausend Linke angekündigt hatten und wir Bock auf Randale hatten. Genauso haben aber viele von uns am 1. Mai Steine auf Bullen geworfen. Krawalle mitmachen, scheißegal, ob mit Autonomen oder gegen sie. Nach den BFC-Spielen haben wir regelmäßig ein besetztes Haus der Linken Nähe Senefelder Platz mit Steinen beworfen. Das war ein lieb gewordenes Ritual und gehörte zum Spieltag. Die Hausbesetzer haben immer auf uns gewartet. Die wussten sich zu wehren, es gab einige üble Verletzungen auf unserer Seite. Für mich hatte das nichts mit einer politischen Einstellung zu tun. Für mich war das Krawall und das war geil. Die Linken unter den BFC-Fans kannst du an einer Hand abzählen. Obwohl wir uns kurz vor der Wende gern in einer Ostberliner Kirchengemeinde aufhielten, die Jugenddiakone hatten ihre Türen für alle geöffnet, egal ob Punk, Skin, Hausbesetzer oder Hooligan. Das war genial, wir haben gemeinsam tolle Partys gefeiert.

Doch die politische Einstellung unserer Leute war und ist eher Mitte-rechts, mit einer Portion Misstrauen gegenüber Fremden, das sich aber auf bestimmte ethnische Gruppen festlegt. Wir hatten in den Neunzigern immer wieder Auseinandersetzungen mit türkischen und arabischen Banden. Da wuchs eine gewisse Abneigung, die ich bis heute nicht leugne. Als die plötzlich in riesigen Gruppen am Fernsehturm abhingen und deutsche Mädchen belästigten, sind wir ein paarmal nach Spielen vorbei gekommen und haben die bis nach Kreuzberg zurück geprügelt. Das setzte sich dann an den Türen der Discos im Kleinen noch sehr lange fort. Wir hatten ein gut funktionierendes Kommunikationsnetz. Der BFC hatte die Macht in der Türsteherszene, da gab es permanent Action und Revierkämpfe um die Türen der Stadt. Irgendwann haben sie dann gemerkt, Ostberlin gehört den Ostberlinern.

Am 3. November 1990 wurde Mike Polley in Leipzig von einem Polizisten erschossen. Eine 9-Milimeter-Kugel drang in den Oberkörper und zerstörte seine Aorta, er war sofort tot. Es gab noch einen Schwerverletzten, der mit Kopfschuss um sein Leben kämpfte. Außerdem wurde einer Person der Hoden weg geschossen, es gab einen Beindurchschuss und weitere Schussverletzungen. Dem Polizeikugelhagel vorangegangen waren schwere Auseinandersetzungen in Leipzig-Leutzsch anlässlich des Spiels Sachsen Leipzig gegen FC Berlin. Für uns war das immer der BFC, die Umbenennung haben wir nie akzeptiert. Ein paar hundert Berliner waren schon im Stadion, als der Sicherheitsverantwortliche von Sachsen Leipzig beschloss, wegen zu erwartender Randale alle weiteren Berliner, egal ob mit oder ohne Eintrittskarte, den Einlass zu verweigern. Das führte zur Eskalation der Gewalt. Die Berliner im Stadion drängten nach draußen, um ihren Freunden beizustehen. Die knapp fünfhundert Berliner vorm Stadion drängten ins Stadion. Dazwischen ein paar Dutzend planlose Polizisten, die mit Tränengas um sich schossen und den Knüppel kreiseln ließen. Wir wollten uns eigentlich nur gepflegt mit den sächsischen Fans kloppen. Als Nähe S-Bahnhof Leipzig-Leutzsch ein Trupp Polizisten sich von Hooligans eingekesselt wähnte, befahl ihr Vorgesetzter den Einsatz der Schusswaffe. Viele Augenzeugen meinten danach, der Schießbefehl sei komplett überzogen gewesen, da sich die Lage beruhigt hätte.

Nach dem Spiel entlud sich unser Hass. Wir sahen alle rot, gingen von zwei Toten aus, alle Sicherungen brannten durch. Eine Straßenbahn wurde gestoppt, der Fahrer rausgeschmissen, einer von uns hat die Straßenbahn bis ins Zentrum manövriert, diverse Polizeiwagen wurden in Brand gesteckt, unzählige Schaufenster am Brühl demoliert, Läden geplündert, Leipzig versank im Chaos. Als die Bullen uns am Bahnhof dann wieder zusammen getrieben hatten, wurde seitens der Polizei in die Luft geschossen.

Der Kopfschussverletzte hatte Riesenglück, dem war das Projektil unter dem linken Auge in den Kopf gedrungen und im Hals stecken geblieben. Er wäre fast verblutet, weil die Bullen erst keine Sanitäter auf das Schlachtfeld durch ließen. Er hat es wie durch ein Wunder in die Uniklinik geschafft. Ein Kopfschuss wurde dort selten bis gar nicht behandelt, er war zu 99 Prozent tot. Als wir Leipzig klar machten, gingen wir von zwei Toten aus. Letztlich rettete ihm eine erfahrene Chirurgin das Leben. Die Polizei plädierte dreist auf Notwehr und meinte, alle Beamten hätten nur auf die Füße gezielt. Der Todesschütze und die anderen Polizisten kamen nie vor Gericht, alle Verfahren wurden eingestellt. Der Mann mit dem Kopfschuss durfte sich nach seiner Genesung ein Jahr lang zweimal am Tag bei der Polizei melden, weil er angeblich einer der Rädelsführer gewesen sein sollte. Dann wurde auch sein Verfahren eingestellt. Als es später zum Trauermarsch für Mike Polley kam, der selbstverständlich wieder am besetzten Haus am Senefelder Platz vorbei führte, hatten dort sogar unsere linken Lieblingsfeinde ein Soli-Plakat für Mike Polley hängen. Wenn es gegen Polizeigewalt ging, waren wir uns einig. Die Woche drauf standen wir dann wieder mit Steinen bei ihnen vor der Tür.

Auch in Jena wurde von der Polizei unser Block gestürmt. Wir hatten vorm Spiel zwei Raststätten überfallen, vorm Gästeblock gab es Riesenausschreitungen. Da hat es denen irgendwann gereicht, die sind mit ein paar Hundertschaften in unseren Block und haben alles nieder geknüppelt. Einige von den Bullen lagen aber am Ende auch am Boden.

Ein weiterer Höhepunkt war unser Spiel bei Hansa Rostock. Sonderzug, über sechshundert BFCer. Vorm Spiel wollte die Polizei uns ins Stadion geleiten, wie es heute üblich ist. Wir haben aber „nee" gesagt, „habt ihr ne Scheibe", „wir wollen erst mal ne kleine Runde durch die Stadt machen". Das sah die Polizei anders. Also gab es richtig Dresche für sie, besonders eine Hundestaffel bekam ihr Fett ab, bis etliche herrenlose Hunde verzweifelt ihr Herrchen suchten. In der Stadt war dann der eine oder andere Ladenbesuch angesagt, nach dem Spiel gab es abermals Straßenschlachten mit der Polizei am Bahnhof. Auf der Heimreise wurde der Zug in Lichtenberg von Westbullen angehalten, die stundenlang alle Abteile durchkämmten und Diebesgut einsammelten und einen Haufen Leute wegen diverser Gewaltdelikte festnahmen. Das war die erste strukturierte Polizeiaktion gegen uns.

Nach der Saison gab's noch die Relegationsrunde um den Einzug in die 2. Bundesliga. Da trafen wir nach langer Zeit mal wieder auf unseren alten Feind Union Berlin. Die hatten damals viel weniger Zuschauer als wir. Waren aber mit Hertha BSC noch ganz dicke. Jedenfalls sind wir mit ein paar hundert Leuten durch den Haupteingang ins Stadion An der Alten Försterei zum Heimblock einfach durch gerannt. Dort standen Unioner und Herthafrösche, die wir durch das ganze Stadion geprügelt haben. Im Anschluss haben wir uns noch deren neue Anzeigetafel vorgenommen, wenn ich mich recht erinnere.

Getoppt wurde das noch ein wenig durch die WM 1990. Der ganze BFC hatte das WM-Finale im Lustgarten (Grünanlage auf der Museumsinsel) in Mitte geschaut, danach sind wir brandschatzend durch Ostberlin gezogen. Während des Spiels haben wir noch einen Trupp von siebzig Skinheads verkloppt. Die waren unserer Truppe zwar zu doof, doch das Schöne an denen war, sie haben sich immer gewehrt. Dann wieder zum Senefelder Platz zu unseren Freunden, zwischendurch bei einem Juwelier die Scheiben eingeschlagen und alles ausgeräumt, später aber weg geworfen, weil es die Taschen so schwer machte, ich wollte ja weiter Krawall machen.

Wenn ich dann an der Uni oder später bei meinem Job im Büro am Montag all die braven Leute getroffen habe und die von ihrer Datsche oder dem Geburtstag bei Oma berichten haben, dachte ich manchmal, wenn ihr wüsstet, wem ich am Wochenende alles die Fresse poliert habe. Und wenn's selbst aufs Maul gab, dann war es eben so. Ich bin in der Woche nicht aufgefallen, hatte meinen guten Job und lebte viele Jahre am Wochenende mein Leben

Ich hatte keine Familie, jeder hat zwar gern gevögelt, doch Frauen waren austauschbar. Falls Homosexuelle unter uns waren, haben sie sich nicht getraut, das auszuleben. Unter uns gibt's auch

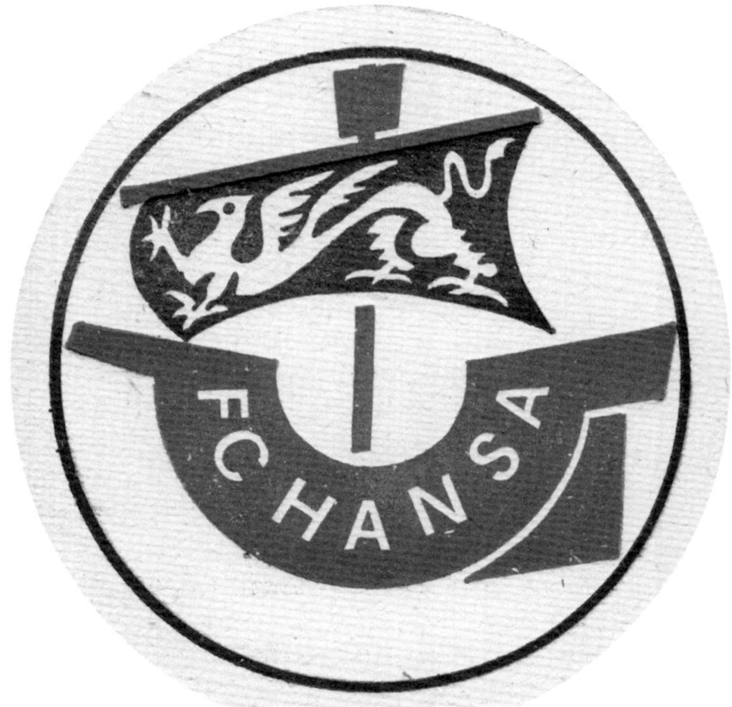

Bierdeckel von Hansa Rostock

mal nen Kuß auf die Glatze, wir haben so oft Rücken an Rücken gestanden, zusammen gekämpft, gemeinsam auf die Fresse bekommen oder ausgeteilt, da ergibt sich auch eine körperlich Nähe. Heute lebe ich in einer glücklichen Familie. Trotzdem vermisse ich die Zeit manchmal. Ich weiß, in meinem Handy habe ich die Nummern von mindestens zwanzig Leuten. Wenn ich deren Hilfe brauche, stehen die zehn Minuten später geschlossen mit der Keule vor meiner Tür und fragen: „Wo müssen wir hin?"

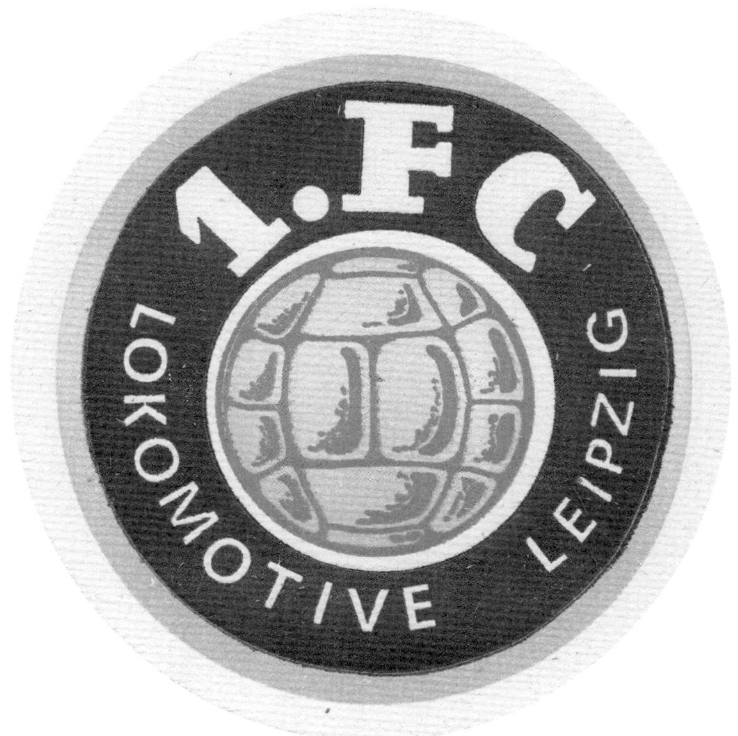

Bierdeckel vom 1. FC Lokomotive Leipzig

Persönliche Erlebnisse: Die Fußballkarriere des Frank W. aus T.

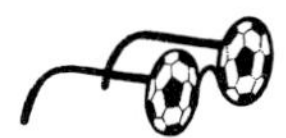

„Dies ist der Herbst. Der bricht dir noch das Herz. Fliege fort, fliege fort. Die Sonne steigt zum Berg. Und steigt. Und steigt. Und fällt bei jedem Schritt. Was ward die Welt so welk. Auf müd gespannten Fäden schreit der Wind sein Lied. Die Hoffnung floh, er klagt ihr nach. Dies ist der Herbst. Der bricht dir noch das Herz." Im bunten, herbstlichen Blättertrieben anno 1970 brachte mich mein Vater ans einsamste Ende des Weimar-Werks. Allda, im putzigsten Nichts, befand sich die Stätte des Heils. Ein kleiner, schotteriger Fußballplatz, der eigentlich ein Hockeyplatz gewesen. Hockey spielte dort schon lange keiner mehr. Es tobte die junge Hoffnung Weimars, die Knabenmannschaft der BSG Motor Weimar. Plötzlich flammten mehrere Scheinwerfer auf, Flutlichtstimmung! Unten zwanzig kleine Jungs mit ungewohnten Stollen an den Füssen. „Leg dich nicht hin, denke an deine Knie!", war der letzte Rat des Vaters. Dann tauchte ich ein in die Fußballwelt, um für immer darin zu versinken.

Mein erster Trainer legte nicht viel Wert auf Taktik oder ähnlichen „groben Unfug", wie er zu sagen pflegte. Wichtig waren nur Disziplin und Ausdauer. Also wurde gerannt und gerannt. Und geschwiegen. Freilich nur beim Training ohne Ball. Mit dem Ball musste gebrüllt werden. Beziehungsweise im Moment der Ballabgabe. Ganz schön schwierig. Doch wir waren eifrige, siebenjährige Rostbratwürstchen und lasen unserem Idol die Wünsche von den Lippen ab.

Training war zweimal die Woche, jedes Wochenende fand ein Punktspiel statt. Vater fuhr mich im Trabi durch den Landkreis, ich lernte die nähere Umgebung Weimars durch den Fußball kennen. In Mellingen lebten gefährliche rotglotzige Verteidiger, ein fieser Stamm. In Pfiffelbach waren nur dickliche Nichtskönner anzutreffen. Aufbau Weimar war ein Lacher. Vor geschickten Blankenhainern musste man auf der Hut sein. Wir waren als Motorkicker von Hause aus auf allen Plätzen der Favorit. Und wir schlugen sie selbstverständlich alle. Die Bayern des Kreises Weimar. Am 1. Mai durften wir mit Fußballschuhen und Trikots eine Extraabteilung bilden. Unser Beitrag zum Kampf für den Weltfrieden. „Die Fußballer der BSG Motor Weimar leben hoch, hoch, hoch!". Die Sonne schien gleich viel heller. Das war ein deutliches Privileg. Nicht wie die anderen Schulkinder am hinteren Ende des Zuges im schmutzig-weiß der ungeliebten Pionierhemden. Wir marschierten stolz in unseren rot-weißen Dressen, auf der Brust prangte das Mal der BSG Motor.

Sonntagnachmittag spielten immer die Großen. Die erste Männermannschaft. Ganz Weimar versammelte sich bei Rostbratwurst, roter Brause und Ehrinsgdorfer Hellem. Unvergessliche Namen wie: Wolfgang Dummer, Gisbert Job, Armin Romstedt. Wir Jungs immer hinterm Tor des anwesenden Gegners. „Modor vor, schiess ein Tor!". Wir hatten uns vorgenommen, den Torwächter mit unseren Falsettstimmchen zu verunsichern. Es gelang selten. Eigentlich nie.

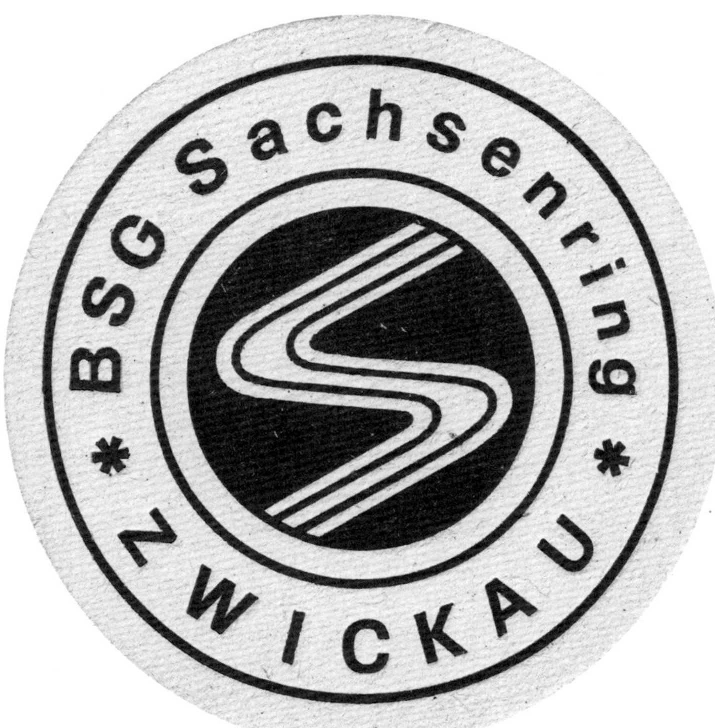

Bierdeckel von BSG Sachsenring Zwickau

Meine erste Weltmeisterschaft wurde mir 1974 vom RFT Fernsehgerätewerk Stassfurt geschenkt. Der Fernseher mit der anmutigen Bezeichnung Color 21 schmückte bereits seit einem Jahr unser Wohnzimmer. Meine Eltern hatten ihn für 3.600 DDR-Mark gekauft. Das war eine hübsche Stange Geld und entsprach in etwa drei Monatslöhnen meines Vaters. Man konnte diese Fernseher nicht einfach so kaufen. In der DDR-Mangelwirtschaft ging vieles über eine anständige Bestellung. Wenn man Glück hatte, lag nach einem halben Jahr eine Karte im Briefkasten. Der Fernseher soundso steht zur Abholung in der RFT-Kaufstelle bereit. Meine Eltern handelten mit Zigaretten und Alkohol. Auch hier gab es immer wieder Engpässe bei besonders beliebten Marken. Legte man genug Mangelerzeugnisse zur Seite, war es über einen Tausch (der manchmal zum Ringtausch geriet) möglich, früher an bestimmte rare Erzeugnisse zu gelangen.

Der Color 21 stand zwischen zwei Fenstern. Ich ging immer sehr vorsichtig vorbei. Der Fernseher war in gewisser Weise ein Heiligtum. Er brachte den Westen in unser Wohnzimmer. Ich war elf, kickte bei Motor Weimar und war fußballerisch auf der Höhe meiner Karriere. Zu WM-Beginn feuerten meine Freunde und ich die DDR-Fußballnationalmannschaft an. Weil sie „von uns waren", ein Stück Heimat. Wir wurden von StaatsbürgerkundelehrerInnen gegängelt und karrierebewussten FDJ-SekretärInnen ein bisschen gequält. Wir logen wir im Unterricht und sagten „Wir hassen den BRD-Imperialismus in jeder Gestalt, in der er uns begegnet!" Nicht weil wir linientreu waren, sondern weil wir unsere Ruhe haben wollten. Wie unsere Eltern, die sich mit dem DDR-Sozialismus arrangiert hatten.

Erst nach dem Ausscheiden der DDR schwenkten wir auf die BRD um. Die Deutschen aus dem Land der Ado-Gardine mit der Goldkante, der Lux-Seife und der Sprengel-Schokolade. Beim Endspiel gegen Holland waren alle Zonis BRD. Ich sah das Spiel mit meiner Familie und einigen Freunden meiner Eltern. Mutter wischte drei vorwitzige Staubkörner vom Gehäuse. Mein Vater streichelte mit der Hand über unseren Color 21, die Freunde nickten anerkennend. Im Augenblick, als die BRD Weltmeister wurde, fotografierte ich Gerd Müller vom Fernseher ab. Er hielt den Pokal mit beiden Händen fest. Und lächelte in sich gekehrt. Das Foto hing einige Jahre an der Wand über meinem Bett. Nach dem Sieg prosteten sich die Erwachsenen zu. Ich bekam mein erstes Bier. In der Schule flüsterten wir aufgeregt in den Ecken über das Spiel. Natürlich hatten es alle gesehen, selbst der verhasste Vopo-Sohn. Wir schauten die FDJ-Sekretärin aufmüpfig an. Sie guckte weg. War das der Anfang einer Revolution? „Ihr tauben Nüsse, wie könnt ihr euch an diesem kindischen Spielen der Kapitalisten erfreuen!" Im Staatsbürgerkundeunterricht priesen wir anderntags die Vorzüge des Sozialismus gegenüber dem menschenverachtenden BRD-Kapitalismus. Ich malte unter die Schulbank ein Victory-Zeichen. Der damalige Bundeskanzler Helmut Schmidt schaute sich das Spiel nicht einmal im Fernsehen an.

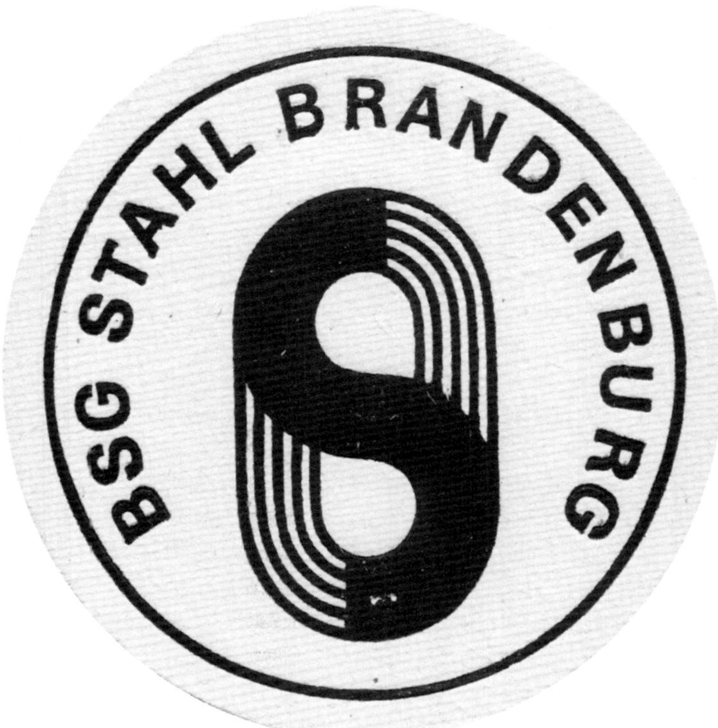

Bierdeckel von BSG Stahl Brandenburg

Als am 22. Juni 1974 in Hamburg die Ostzone gegen die Westzone Fußball spielte, fegte dieser Kick der Weltanschauungen in beiden Deutschlands die deutschen Michel von der Straße. Sie nahmen ihre Trutzsitze vor den Fernseh- bzw. Radiogeräten ein und drückten BR Deutschland oder der DDR die Daumen. Bekanntlich gewann die DDR das Spiel 1:0 und wurde trotzdem nicht Weltmeister. Sparwasser schoss in Hamburg sein legendäres „Sparwassertor", die Ossis im Publikum (allesamt verdiente SED-Genossen und 100-fach von der Staatssicherheit durchleuchtet) sangen den DDR-weiten Hit aller Fußballanhänger „7-8-9-10 Klasse", schwenkten brav ihre DDR-Fähnchen und träumten heimlich von westlichen Konsumprodukten.

Im Mai 1974 hatte der 1. FC Magdeburg in Rotterdam für den einzigen Europacupsieg einer DDR-Mannschaft gesorgt. Der DFV (der Deutsche Fußballverband der DDR) ließ die Korken knallen. Das war alles im täglich erscheinenden Sportecho bzw. in der zweimal in der Woche erscheinenden Neuen Fußballwoche nachzulesen. „Wir gegen uns" lautete die Schlagzeile vorm Spiel. Die Propaganda lief in beiden deutschen Staaten auf Hochtour. Die BILD pestete gegen den Osten und die „Russenknechte", der „amerikanisierte" Westen wurde vom Neuen Deutschland gebrandmarkt.

Die Gesamtdeutschen stellten Bier und Wurst auf ihre Fernsehtische und sangen in beiden deutschen Staaten die erste Strophe der Nationalhymne. Man gönnte sich ja sonst nichts. Der Kalte Krieg war noch nicht lauwarm. Politiker, die heute gern bei Weltmeisterschaften huldvoll in den Spielerkabinen erscheinen, hielten sich 1974 vornehm zurück. Der damalige Bundeskanzler Helmut Schmidt schaute sich keines der Spiele im Fernsehen an, nicht einmal das Finale BRD gegen Niederlande.

Die Weltmeisterschaft wurde mir vom RFT Fernsehgerätewerk Stassfurt geschenkt. Der Fernseher mit der anmutigen Bezeichnung Color 21 schmückte bereits seit einem Jahr unser Wohnzimmer. Meine Eltern hatten ihn für 3.600 DDR-Mark gekauft. Das war eine hübsche Stange Geld und entsprach in etwa drei Monatslöhnen meines Vaters.

Man konnte diese Fernseher nicht einfach so kaufen. In der DDR-Mangelwirtschaft ging vieles über eine anständige Bestellung.

Wenn man Glück hatte, lag nach einem halben Jahr eine Karte im Briefkasten. Der Fernseher so-und-so steht zur Abholung in der RFT-Kaufstelle da-und-dort bereit. Meine Eltern handelten mit Zigaretten und Alkohol. Auch hier gab es immer wieder Engpässe bei besonders beliebten Marken. Legte man genug Mangelerzeugnisse zur Seite, war es über einen Tausch, der manchmal zum Ringtausch geriet, möglich, früher an bestimmte rare Erzeugnisse zu gelangen. Tausche Gartenzwerge gegen Radeberger Pils. Klassische Schattenwirtschaft, ohne die in der DDR nur wenig ging. Und wer was lang hatte, ließ es selbstverständlich auch gern lang hängen. Schließlich bauten wir den Sozialismus auf, da konnte der Kommunismus noch ein wenig warten.

Der Color 21 stand zwischen zwei Fenstern. Ich ging immer sehr vorsichtig an ihm vorbei. Der Fernseher war in gewisser Weise ein Heiligtum. Er brachte den Westen in unser Wohnzimmer.

Ich war elf, kickte bei Motor Weimar und war fußballerisch auf der Höhe meiner Karriere. Der Trägerbetrieb unserer Mannschaft war das Landmaschinenbaukombinat Fortschritt, wo ich ein paar Jahre später von bösartigen Folterknechten des Proletariats geschunden und den schrecklichen Beruf eines Maschinen- und Anlagenmonteurs erlernen sollte.

1974 war meine kleine Welt aber noch weitestgehend in Ordnung. Zu WM-Beginn feuerten meine Freunde und ich die DDR-Fußballnationalmannschaft an. Weil sie „von uns“ waren, ein Stück Heimat, ich kannte die Spieler aus den Fußballübertragungen, einige hatte ich sogar schon in Jena live spielen sehen.

Wir wurden in der Schule von Staatsbürgerkundelehrerinnen gegängelt und karrierebewussten FDJ-Sekretärinnen ein bisschen gequält. Damals ahnten wir naturgemäß nicht, dass nach 1989 aus FDJ-Sekretärinnen Bundeskanzlerinnen werden können. 1974 logen wir im Unterricht und sagten „Wir hassen den BRD-Imperialismus in jeder Gestalt, in der er uns begegnet“, weil wir unsere Ruhe haben wollten. Wie unsere Eltern, die sich mit dem DDR-Sozialismus arrangiert hatten, weil ihnen nichts Anderes übrigblieb.

Beim Spiel BRD – DDR kam Familie Schneider zu Besuch. Herr Schneider saß in den 1960er Jahren mal ein Jahr im Knast, weil er im Suff gegen den „Spitzbart“ gepöbelt hatte. Spitzbart, alias Walter Ulbricht, war seinerzeit Staatsratsvorsitzender der DDR, mochte keinen Fußball, war aber immerhin begeisterter Tischtennisspieler.

Herr Schneider war „für den Westen", alle anderen „für den Osten". Frau Schneider sagte kein einziges Wort. Vater schloss die Fenster, als Herr Schneider nach vier Bier „alle Bonzenschweine vergasen" wollte. Ich bejubelte das Sparwassertor, meine Eltern jubelten verhalten mit, während Herr Schneider mich aus seinen Schweinsäuglein böse anfunkelte und „warte ab Bürschchen" nuschelte.

Das nie für möglich gehaltene Sparwassertor hielt die DDR ein paar Jahre länger am Leben. Im Westen rückten die Leute in den Zonenrandgebieten enger zusammen, da nach Sparwasser eigentlich nun der Einmarsch der Russen folgen musste. Doch die Russen und Amerikaner blieben in ihren Kasernen und verpassten die einmalige Gelegenheit für einen „Fußballkrieg".

Erst nach dem Ausscheiden der DDR schwenkten wir auf die BRD um. Die Deutschen aus dem Land der Ado-Gardine mit der Goldkante, der Lux-Seife und der Sprengel-Schokolade. Beim Endspiel gegen Holland waren alle Zonis BRD. Ich sah das Spiel mit meiner Familie und einigen Freunden meiner Eltern. Familie Schneider durfte diesmal nicht dabei sein. Mutter wischte drei vorwitzige Staubkörner vom Gehäuse. Mein Vater streichelte mit der Hand über unseren Color 21, die Freunde nickten anerkennend. Im Augenblick, als die BRD Weltmeister wurde, fotografierte ich Gerd Müller vom Fernseher ab. Er hielt den Pokal mit beiden Händen fest. Und lächelte in sich gekehrt. Das Foto hing einige Jahre an der Wand über meinem Bett.

Nach dem Sieg prosteten sich die Erwachsenen zu. Ich bekam mein erstes Bier und war sofort high. In der Schule flüsterten wir aufgeregt in den Ecken über das Spiel. Natürlich hatten es alle gesehen, selbst der verhasste Volkspolizisten-Sohn. Wir schauten die FDJ-Sekretärin aufmüpfig an. Sie guckte weg. War das der Anfang einer Revolution? „Ihr tauben Nüsse, wie könnt ihr euch an diesem kindischen Spielen der Kapitalisten erfreuen!" Im Staatsbürgerkundeunterricht priesen wir anderntags die Vorzüge des Sozialismus gegenüber dem menschenverachtenden BRD-Kapitalismus. Ich überlegte, ob ich unter die Schulbank ein Victory Zeichen malen sollte. Meine Freund Itzek sagte „Spinnst du! Willst du ins ‚gelbe Elend', den Bautzener Knast?" Wollte ich nicht, damit war die Sache erledigt.

Die Oase meiner Kindheit war der „Spieler" – ein rechteckiger Platz, umsäumt von Mehrfamilienhäusern am Weimarer Stadtrand. 1975 war ich zwölf Jahre alt und kickte dort mit meinen Schulfreunden aus dem Viertel. Die Rasenfläche in der Mitte des Spielers war unser Bolzplatz, im Süden standen ein paar Bänke und zwei Linden. An den Ecken standen vier prächtige Kastanienbäume. Angeblich sollen dort im April 1945 Deserteure der Wehrmacht von der SS gehängt worden sein. Einige alte Leute nannten sie die Hängekastanien. An jedem 22. April lagen Blumen vor den Kastanien, niemand wusste, wer sie dort ablegte.

Im Norden lockten ein Sandkasten und ein paar metallene Klettergerüste. Unter anderem der Fliegenpilz, ein bedachtes Gerüst, das viele Spielplätze zwischen Suhl und Saßnitz schmückte. Vom Dach dieses Kleinods der DDR-Spielplatzarchitektur fiel ich drei Jahre nach den folgenden Ereignissen herunter, als ich versuchte, Katrin Schneider zu küssen. Sie wehrte meine Avancen ab. Ich schlug mit dem Kopf auf den Boden und blutete. Ich war vielleicht ein wenig ohnmächtig – oder simulierte eine perfekte Ohnmacht. Katrin Scheider beugte sich besorgt über mich, ich nutzte die Gunst des Augenblicks und drückte meine Lippen auf die ihren, während mein Blut uns beide benetzte.

Für meine Mutter war der Sturz vom Fliegenpilz die Ursache für all das Furchtbare, was sich in der Folge ereignete. In einer Sekunde, so erzählte sie oft und gern, war aus ihrem Sohn, den alle nur „Frank, der Blumenfreund" nannten, ein loser Bube geworden. Dem jede Wand gerade recht kam, um sich mit dem Kopf voran gegen sie zu werfen. Ich ließ mir die Haare zu kurz schneiden oder zu lang wachsen. Ich hörte, für die Ohren meiner Eltern, unerträgliche Musik. Ich las Bücher aus dem Giftschrank, kleidete mich wie ein Penner, hockte stundenlang mit anderen jungen Leuten diskutierend im Park, wollte plötzlich keinen Bestellscheinschein für ein Auto mehr beantragen, malte Peace-Zeichen auf mein bestes Hemd, beabsichtigte, den Wehrdienst an der Waffe zu verweigern. Ich geriet, im Sinne meiner Mutter, in eine Zone außerhalb der Norm. Es war für sie, als sei ich vom Fliegenpilz in ein fremdes Universum gestürzt.

Obgleich der „Spieler" von Straßen umgeben war, lauerten dort keine besonderen Gefahren. Kaum ein Mensch besaß zu jener Zeit ein Auto. Und wenn er eines besaß, stellte er es sorgfältig in der Garage ab, da ein Auto in der DDR-Mangelwirtschaft mindestens zwanzig Jahre halten musste.

Unsere fußballerischen Vorbilder waren die Brüheim-Brüder. Sie wohnten ebenfalls am Spieler und kickten in der Juniorenmannschaft der BSG Motor Weimar, des besten Weimarer Fußballvereins. Motor war eine Betriebssportgemeinschaft. Bezahlt vom örtlichen Mähdrescherwerk, kämpften die Spieler für alle ehrlichen Weimarer Arbeiter, die Freiheit von Angela Davis und den Weltfrieden. So lauteten die weisen Worte unseres Sportlehrers, der gleichzeitig Kapitän der Männermannschaft war. Zu ihm schaute ich in noch größerer Ehrfurcht als zu den Brüheimbrüdern auf. Motor Weimars Heimspiele besuchten wir regelmäßig am Sonntag. Eine Karte kostete sagenhafte 25 Pfennig und die rote Brause nicht viel mehr. Manchmal hatten wir sogar Geld für eine Bockwurst. Was für ein Gaumenfeuerwerk, wenn sich der Geschmack von roter Brause und Bockwurst im Mund mischten. Wir standen immer hinter dem Tor der gegnerischen Mannschaft und brachten den Torhüter mit Dauerpöbeln zur Weißglut. Wenn wir nicht stänkerten, zogen wir am Tornetz oder spuckten den armen Kerlen in den Strafraum.

Später liebte ich den FC Carl Zeiss Jena. 1981 schaffte es mein Verein bis ins Endspiel des Cups der Pokalsieger. Weil das Spiel in Düsseldorf ausgetragen wurde, durften wir nicht hin. Düsseldorf lag im Feindesland. Dort konnten nur Kapitalisten bestehen. Sie unterdrückten die armen Arbeiter und lebten selbst in Saus und Braus. Diese Ungerechtigkeit wollte uns die weise Parteiführung nicht zumuten. Sie schickte anstelle der Leute, die sonst zu den Spielen gingen, einen Zug voll hundertzehnprozentiger Genossen nach Düsseldorf. Die gestählten DDR-Bürger sangen „sieben, acht, neun, zehn Klasse", schwangen ihre DDR-Fahnen und stürmten nach dem Spiel die Kaufhäuser. Natürlich nur, um den Kapitalisten ihre schönen Bedarfsgüter zu entreißen und sie der Arbeiterklasse zuzuführen. Zu allem Unglück verlor Jena das Spiel gegen die Russen von Dinamo Tiblissi. Offiziell waren alle Sowjetbürger unsere Klassenbrüder. Inoffiziell nannten wir sie Scheißrussen, Russenschweine, Dreckrussen. Wir wollten nicht Lenin und Marx. Wir wollten die kostbaren Dinge, die uns über die Konsumterroristen der ARD und des ZDF ins Wohnzimmer flimmerten.

Brüheim Senior (wir nannten ihn liebevoll Brühe) betrieb einen Tante-Emma-Laden an der Nordseite des Spielers. Immer, wenn unsere Bälle gegen die Glasscheibe seines Ladens krachten, lachte er. Manchmal schenkte er uns Moskauer Eis und wir erörterten gemeinsam wichtige Fragen des Fußballs. Wir nahmen ihm nie so richtig ab, für den Kommunismus zu sein, weil er jeden Sonntag in die katholische Kirche ging. Obwohl er zu allen DDR-Feiertagen seinen Laden mit der Arbeiterfahne beflaggte und der offiziellen Propaganda aufgeschlossen gegenüberstand. Wenn unsere SED-Führung in einem Jahr, in welchem die sozialistischen Hühner besonders fleißig Eier legten, alle glücklichen Bürger des ersten deutschen Arbeiter- und Bauernstaates auf deutschen Boden aufforderten, doch „ein Ei mehr zu nehmen", unterstützte er diesen schlauen Plan mit der Präsentation dieses Appells auf einer Schiefertafel, die vor dem Laden regelmäßig wertvolle Hinweise auf seine aktuelle Produktlage gab.

Unser Hauptfeind war der Abschnittsbevollmächtigte der Volkspolizei. Ein finsterer Spielverderber, wie ihn jede menschliche Siedlung ihr Eigen nennt. Wir Fußballanhänger waren für ihn dekadente Disteln im sozialistischen Blumenbeet. Anstatt uns um den weiteren Aufbau des Sozialismus und vielleicht sogar des Kommunismus zu kümmern, rannten wir in jeder freien Minute diesem lächerlichen Ball hinterher. Einer perfiden Erfindung der Manchesterkapitalisten. Der Fußball sei der direkte Weg in den Höllenschlund der BRD-Imperialisten, diesen Blutsaugern am Busen der deutschen Arbeiterklasse, wie er uns zwitscherte.

Hühnchen, Denis, Schniddel, Schniddels kleine Schwester Silke, Assi und ich tummelten uns in jeder freien Minute auf dem Spieler. Manchmal kam auch der lahme Zumpi hinzu. So nannten wir ihn aber nur in seiner Abwesenheit. Zumpi hatte schon im Alter von zwölf Jahren weiße Haare. Sein Herz hat ein Loch, berichtete Schiddel, der es von seiner Mutter wusste, die es wiederum von Zumpis Mutter erfuhr. Schulsport brauchte Zumpi nie mitzumachen, doch beim Kicken wollte er dabei sein. Er stand meist im Tor. Weil er immer Geld hatte, wurde er zu einem wichtigen Faktor unserer Clique. Eines Tages war er weg. Wir trauten uns nicht, seine Eltern zu fragen, ob er gestorben sei.

Unser Ball war ein schweres, olles Ding. Genähtes Leder, oben guckte die Blase raus, tat beim Köppen weh. War die Wiese noch feucht, sog er sich schnell voll Wasser. Schniddel war der Chef auf dem Platz. Seine mittlere Schwester Katrin erschien jeden Tag mit einigen Freundinnen. Sie kauften bei Brühe Moskauer Eis und umrundeten den Spieler, während Schniddel uns Kommandos gab. Schniddel war ein Jahr älter und konnte schon knutschen. Jedenfalls machte diese wichtige Information unter Hühnchen, Denis, Schniddels kleiner Schwester Silke, Assi, Zumpi und mir die Runde.

Manchmal guckte uns Guido aus dem Fenster heimlich zu. Guido war dank seiner Oma zu Höherem berufen. Er musste jeden Tag viele Stunden Geige üben. Da er nur sehr selten raus durfte, wurde er auf dem Schulhof von uns gehänselt. Dann lief er heulend zu seiner Musiklehrerin, die ihm lächelnd über das Haar strich.

Es war der vorletzte Tag der Sommerferien. Eine melancholische Grundstimmung waberte über dem Spieler. Erstes Laub fiel von den Kastanien zu Boden. An jenem Tag gesellten sich die Brüheim-Brüder zu uns, die allesamt drei Jahre älter waren als wir. Die drei Brüheims wollten gegen uns sieben spielen. Ausgemacht waren zwei Halbzeiten, jeweils 25 Minuten. Irgendwie hatte sich das Spiel herumgesprochen. Schniddels mittlere Schwester Katrin kam mit ganzen fünf Freundinnen im Schlepptau. Alle geschminkt. Schniddel ignorierte sie. Schiddels kleine Schwester Silke schaute böse. Hühnchen, Assi, Dennis und ich linsten hingegen fasziniert zu den Mädchen.

1975 trug jeder Jugendliche, der etwas auf sich hielt, eine Jeans aus dem Westen. Und in dieser Jeans, exakt in der linken Arschtasche, hatte ein blauer Plastikkamm zu stecken. Die drei Brüheim-Brüder standen mit dem Rücken zu uns. Sie holten ihre Kämme aus den Arschtaschen und striegelten sich mit ihren blauen Plastikkämmen die Haare. Dann zogen sie ihre Schuhe aus, sie spielten barfuß. Schniddel schien irritiert, das gefiel uns. Die fabulösen Brüheim-Brüder waren eine Nummer zu groß für ihn. Er konnte vielleicht schon knutschen, aber gegen sie war er ein Niemand.

Die sechs Mädchen umrundeten stoisch den Spieler. Sie hatten sich untergehakt und dachten bestimmt an Paris. Oder an Venedig. Unsere Eltern saßen an den Fenstern und schauten uns zu, nebst einigen Nachbarn, denen es schnell langweilig wurde. Bis zu dem Zeitpunkt, als der von seiner Oma permanent bewachte Guido mit einem Urschrei seine Geige aus dem Fenster warf. Kurz darauf kam Guidos Oma mit Guido im Schlepptau nach unten. Er musste die zerbrochene Geige zusammen klauben. Eine Schule fürs Leben. Keiner von uns lachte, es war einfach zu bitter. Eine Weile nach dem Vorfall begann Guido sich zu wehren. Er schwänzte, die Schule und den Geigenunterricht. Anstatt berühmter Geigenvirtuose wurde er Koch im Jugendhotel der Gedenkstätte des einstigen Konzentrationslager Buchenwald.

Fußball ist schön. Wir behielten unsere Schuhe an. In der ersten Halbzeit schossen die drei Brüheim-Brüder zehn Tore. Wir nicht eines. Trotzdem fühlten wir uns glücklich, weil wir gegen sie spielen durften. Weil sechs Mädchen langsam den Spieler umrundeten. Weil noch Ferien waren. Weil wir nicht wie Guido von einer bösen Oma gefangen gehalten wurden. In der zweiten Halbzeit ließen unsere übermächtigen Gegner es etwas ruhiger angehen. Kurz vor Schluss führten sie Dreizehn zu Null. Dann geschah es. Ein abgeprallter Ball flog auf mich zu. Ohne nachzudenken ließ ich mich maikäferesk auf den Rücken fallen und wurde ganz Fallrückzieher. Der Ball flog mir entgegen, in Zeitlupe verfolgte ich seine Flugbahn. Ich traf den Ball, wie man ihn nicht besser treffen konnte. Und torpedierte ihn Richtung Brühheim-Brüder-Tor. Ein Strich, ein Geschoß. Dreizehn zu eins. Kein Vogel zwitscherte, alles stand still. Dann klatschten die Brüheims. Und die Mädchen reckten die Hälse wie junge Schwäne im Teich des Stadtparks. Schniddel wendete sich ab. Meine Freunde kamen auf mich zu. Ich hörte meinen Vater jubeln.

Und ich? Was tat ich? Ich war aufgestanden, ohne mich zum Tor umzudrehen und auf Katrin Schneider zu gerannt, in einer einzigen schnellen Bewegung. Ich wollte ihr einen Kuss geben. Stolperte jedoch in der Aufregung über eine aufgeworfene Grasnarbe, verfehlte ihre gerötete Wange, segelte geradewegs an den Mädchen vorbei über den Rand der Wiese, des Spieler und landete bäuchlings auf der Straße.

Während meiner Kindheit verbrachte die Familie den Sommer oft in Fuhlendorf. Ein kleiner Ort am unteren Rand des Darß. Für die richtige Ostsee reichte es nie. Meine Eltern gehörten nicht zur Arbeiterklasse, somit fielen Urlaube in Erholungsheimen des FDGB aus. Wir waren in den ausgebauten Hühnerställen listiger Dörfler untergebracht. Durften uns aber in der örtlichen Kneipe jeden Tag unseren Broiler abholen. Der Ort lag am Bodden. Eine braune, handwarme Flüssigkeit, gekrönt von gigantischen Schaumflächen. Gespeist wurde das Gülleparadies von landwirtschaftlichen Großbetrieben. Heute wirbt die inzwischen gastfreie Gegend mit ihrer Natürlichkeit und Verträumtheit. Erstaunlich. 1978 durchzogen hunderte von armen Teufeln die Gegend auf der Suche nach Erholung.

Manchen Tags verzichteten wir auf unsere Broiler. Und fuhren mit dem Trabant an die Ostsee. FKK-Strand bei Prerow. Sechs Uhr früh aufstehen. Dann in die Schlange der Trabis einreihen. Die Sandburgen standen am Strand in Sechserreihen. Wie überall fand sich irgendwann die Schar der Pubertierenden am Boddenstrand. Eintauchen im kühlen Nass des Boddens kam aber nicht in Frage. Es ging die Legende um, ein Sachse hätte es versucht. Als er aus dem Wasser trat, soll ihm die Haut in Fetzen vom Körper gefallen sein.

Für den stillen Betrachter ergab sich ein anmutiges Bild. Wenige Meter vor der Boddenflüssigkeit ruhten die jungen Mädchen auf ihren Handtüchern. Etwas versetzt davon spielten die Jungs Fußball. Beide Parteien taten so, als interessiere sie das Tun der anderen nicht. Die Sonne schien allen und die Zeit war ein relatives Moment. Unter der Schar junger Mädchenblüten stach besonders Isabella hervor. Ihre langen Haare umrahmten ein engelsgleiches Antlitz. Wenn sie erschien, legten sich Fuchs und Hase friedlich vor ihr nieder. Sie war die Göttin von Fuhlendorf.

Alle Jungs spielten Fußball. Egal, ob sie es konnten oder nicht. Das Ziel jedes Einzelnen war, das Herz der Angebeteten zu erreichen. Viele von uns bestritten am Boddenstrand das Spiel ihres Lebens. Der kleine Icke aus Berlin war ganz besonders von Isabella angetan. Er war so ein Kleiner, Flinker. Geniale Pässe, brandgefährliche Dribblings. Jede seiner vollkommenen Finten widmete er Isabella. Ickes Problem war seine Größe. Magere 1,59 Meter erhob sich sein Körper vom Boden. Zu wenig, um aufzufallen. Unter den vierzehn-, fünfzehnjährigen Jungs war er der Zwerg. Und er wusste aus seinen Büchern, der Zwerg bekommt am Ende der Geschichte niemals die Königstochter zur Frau. Er ist der Possenreißer. Manchmal darf er böser Zwerg sein.

Dennis trug Jeans und T-Shirts aus dem Westen. Dennis war Torwart. Zwischen den Pfosten bot er ein glänzendes Bild. Immer wenn er als Torwart nichts zu tun hatte, zog er mit einem blauen Kamm seinen Scheitel nach und lächelte. Er lächelte in Richtung der Mädchen. Er lächelte eine ganze Woche in Richtung der Mädchen und brachte mit seinem Kamm den Scheitel in Ordnung. Icke sah das Lächeln. Doch Icke hatte auf dem Platz keine Zeit, den Mädchen schöne Augen zu machen. Seine Augen fixierten den Ball. Er war auf dem Platz zu sehr Fußballer und vergaß es immer wieder, seine Gestalt den Mädchen verlockend zu präsentieren.

Wenn Icke am Abend in seinem Bett lag, musste er oft weinen. Er sah sich auf dem Spielfeld. Icke stand neben Dennis und schaute nach oben. Dennis Zähne blitzten in der Sonne. Icke glaubte jeden Tag an seine Chance. Sein Spiel wurde immer göttlicher. Doch Isabella interessierte sich nicht für Fußball. Es war am Boddenstrand genauso wie im richtigen Leben. Isabella entschied sich nach einer Woche für den blonden, großgewachsenen Dennis. Fortan lief Dennis nach dem Spiel zu ihr. Er küsste sie auf den Mund. Sie gingen zusammen.

Neben Isabella und Dennis hatten sich weitere Paare gebildet. Unschuldige Küsse hinter dem Hühnerstall. Die Mädchen hatten einen Typ. Die Jungs eine Kirsche. Icke hat keine Kirsche abbekommen. Icke hatte am Tag Fußball gespielt. Nachts konnte er nicht einschlafen.

Am Tag vor der Abreise spielten wir letztmalig Fußball. Die Mädchen saßen wie immer etwas abseits. Icke nahm sich den Ball und rannte damit auf Dennis zu. Sein Gesicht war Fratze. Icke zielte, holte aus und zirkelte den Ball mit enormer Wucht in Dennis Schoß. Dennis wehklagte. Dennis fiel. Schon bei Dennis erstem Schrei erhob sich Isabella und lief zu ihrem verletzten Geliebten. Dennis lag betäubt auf der Bolzwiese. Isabella entrüstet. Icke lachte. Er lachte laut. Nicht aus Häme, aus Beklommenheit. Isabella schaute Icke an. Sie sagte nur ein Wort. Sie sagte es voller Verachtung: „Zwerg!“ Dann nahm sie Dennis ihn den Arm, der ihre zärtlichen Fürsorge genoss und schnell genas. Und schon bald wieder lächelte. Icke stand allein. Icke dachte an Dennis blauen Kamm. Icke rannte schreiend zum Bodden und warf sich hinein.

Wir beendeten das Spiel. Die Pärchen setzten sich zueinander. Nach einer Weile kam Icke aus dem Wasser. Seine Haut war noch dran. Kurz bevor er verschwand, drehte er sich um und schrie: Kicken ist mein Ficken. Ich habe Icke fünf Jahre später im Fernsehen gesehen. Er spielte für eine bekannte DDR-Mannschaft im Europapokal in Westdeutschland. Nach dem Spiel blieb er dort. Icke hatte dazugelernt.

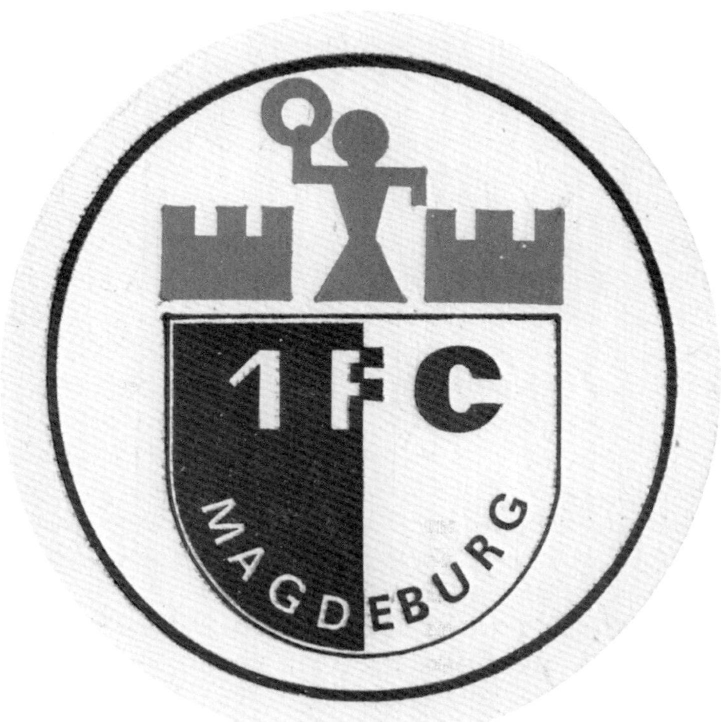

Bierdeckel vom 1. FC Magdeburg

Ich spielte in und um Weimar von 1971 bis 1981 bei diversen Betriebssportgemeinschaften Fußball. Erst beim Primus Motor Weimar, später bei verschiedenen unterklassigen Haufen. Mit so schönen Vornamen wie Rotation und Empor. Unser Hauptgegner kam immer aus Mellingen. Gemeine, ländliche Traktorsportler! Rotäugig. Rothaarig. Schweinsäugig. Zahnlos. Gute Trunkenbolde, gefährliche Klopper. Freilich beliebt bei den Weibern! Wenn wir gegen DIE spielten, mussten wir uns was Besonderes einfallen lassen. Ein Sieg musste einfach her.

Remember September 1977. Die letzten Spiele wurden wir sang- und klanglos von Mellingen zusammengetreten. 0:4, 0:5, 0:3. Bittere Begebenheiten. Und ihre Kirschen verlachten uns nach Spielschluss. Sonntag sollte es wieder nach Mellingen gehen. Was tun? Konnte eigentlich nur Hexerei helfen. Schwarze Katzen galten mannschaftsintern als fluchintensiv. Der Haken: Man brauchte vier Exemplare. Tote, versteht sich. Unmöglich! Musste improvisiert werden.

Libero Fritzschis Vater ackerte in einem NVA-Testlabor. Da gab's weiße Mäuse satt. Schwarze Katzen, weiße Mäuse? Alles Säugetiere. Irgendwie. Samstag vorm Spiel schleppte Fritzschi vier erlöste Mäuse an. Rochen schon ein bissel. Aber egal. Das Schicksal musste anmutig beeinflusst werden. Zu viert fuhren wir mit unseren Mopeds nach Mellingen. Zwei sicherten das Gelände ab. Fritzschi und ich robbten unbemerkt zu den Strafräumen. Wir packten zwei Feldspaten aus und gruben neben den Torpfosten auf der Torlinie zwei Löcher. Maus rein, zugeschaufelt, Beschwörung gemurmelt: „Mein Mutti ist Abteilungsleiterin, jede Stunde steht sie ihren Mann! Tor bleib zu! Lass nix rein! Oder wir hacken dich klein! Hex, Hex, beim wilden Erich!" Nun zum anderen Tor, selber Fluch. Original thüringische Chiromantie. Wir hetzten zu unseren Mopeds und fuhren nach Haus. Nach unruhiger Nacht holte uns am nächsten Morgen der klapprige Clubbarkas ab.

In Mellingen erwartete uns eine Meute brutaler Gestörter. Es war wie immer: Finger knackten, Hosenboden wurden stramm gezogen, verbohrte Bräute kreischten. Wir in unsere Trikots und Höschen geschlüpft. Angetreten, Sport frei, Anstoß. Mellingen stürmte fix auf unser Tor. Doch trotz phantastischer Chancen gelang ihnen in Halbzeit eins einfach kein Tor. Hähä! Wir sparten unsere Kräfte und hielten uns zurück. Kurz vor der Halbzeit pulte Fritzschi unbeobachtet die zwei Mäuse zwischen unseren Torpfosten raus. Das Tor würden wir nach der Halbzeit berennen. Seitenwechsel und so. Kurz nach Wiederanpfiff ließen wir elegant den Ball durch unsere Reihen sausen und stürzten mit lautem Geschrei auf das mausfreie Tor. Rumms, 1:0. Die Mellinger konnten es nicht fassen. Die schnöseligen Städter hatten ihnen ein Tor eingeschenkt. Wie Wahnsinnige versuchten sie im Gegenzug einzulochen. Doch vorm Tor war Ende Allende. Nach neunzig gespielten Minuten schlich der rote Haufen geschlagen vom Platz. Ihre Kirschen schauten uns interessiert an, wie wir jubelnd die Kabine enterten. Verstohlen blickte ich eine außerordentlich wild rot behaarte an. Sie schaute. Und winkte mit dem kleinen Finger.

Ein strenger Winter wütete im Jahre 1978/79. Im Mai war ich aus dem Kader der BSG Motor Weimar geflogen. Wegen mangelndem Trainingsfleiß. Dabei gingen mir einige Privilegien verlustig. Unter anderem wurde Fußballtraining in der Dä-Dä-eR als gesellschaftlich wertvolle Arbeit anerkannt. Doch ich liebte das Spiel mit dem runden Leder. Und meldete mich, ohne lang zu überlegen, bei der BSG Traktor Kromsdorf an. Den Tipp gab Schulfreund Fritschie, der dort als Libero wirkte. Traktor kickte zwei Spielklassen tiefer. Ich musste nur einmal die Woche trainieren. Die LPG verteilte Präsentkörbe zur Erntezeit. Unser Trainer war der Kneipenwirt in Kromsdorf. Alles war gut, Bevorzugung elegantester Sorte.

Staffelfavorit waren seinerzeit die Fußballfreunde der BSG Traktor Mellingen. Die Mellinger erfreuten sich im Weimarer Landkreis eines besonderen Rufs. Sie galten als gefährliche Kneipenschläger und Schürzenjäger. Unter der Hand nannte man sie die „Rotglotzigen", wegen ihrer engen Bindung an den Alkohol. Das Hinspiel hatten wir in Mellingen 1:7 verloren. Unsere Mannschaft war die Schwächere. Zumal bei uns häufig jüngere Spieler aushelfen mussten, da wir selten die Truppe voll bekamen. Einige ausgewählte Torpfosten spielten bei uns mit. Naturgemäß bekamen die vor und während des Spiels ihr Fett ab. Die zu kurz geratenen Zwillinge Bert und Uwe waren zwei solche Kandidaten. Sie wurden quasi in ihrem Hühnerkaff zum Fußballspielen requiriert, obwohl völlig talentfrei. Trotzdem mussten sie jedes Wochenende ran, die Dorfehre rief. Beim 1:7 hatten sie unserer Mannschaft durch einige dolle Kapriolen, die nur entfernt etwas mit Fußball zu tun hatten, sehr schnell auf die Verliererstraße gebracht.

Das Rückspiel fand unter erschwerten klimatischen Bedingungen statt. Nur dank vereinter Genossenschaftsbauernkraft war es überhaupt gelungen, das Spielfeld notdürftig vom Schnee zu befreien. Zudem war es bitterkalt, die Straßen waren vereist, so dass mich mein Vater mit seinem Trabant aus Weimar herankarrte. Kaum war das Spiel angepfiffen, stand es schon 1:0 für Mellingen. Uwe hatte einen Fehlpass gespielt, Bert sich wie immer ausspielen lassen. Bis zur Halbzeit passierte nichts. In der 50. Minute drosch Fritschie gegen den Ball und der landete wie durch ein Wunder im Mellinger Tor. 1:1. Eine Minute später bekam ich einen Pass vor die Füße. Ich spurtete aufs Mellinger Tor zu. Vor mir nur noch ein Abwehrspieler und der Torwart. Der Abwehrspieler rutschte aus. Ich spielte den Ball an ihm vorbei und sprang breitbeinig über ihn hinweg. Er hob seinen Bauernschädel. Traf mich an einer sehr intimen Stelle. Des ungeachtet lief ich weiter in Richtung Mellinger Tor. Und versenkte zum 2:1. Nachkommend musste ich ausgewechselt werden. Mein Vater beförderte mich ins Krankenhaus.

Mellingen machte noch zwei Tore, an denen Bert eine Aktie hatte. In der Kabine fertigte Uwe den Bert vor der Bolztruppe ab. Bert rannte heulend mit nassen Haaren aus der Dusche, zog sich an und radelte nach Hause. Keiner hielt ihn auf. In der eisigen Winterkälte holte er sich eine Hirnhautentzündung und war eine Woche später tot. Kurz darauf köderte mich die BSG Empor Weimar. Der Trainer war Fahrlehrer. Ich brauchte einen Motorradführerschein.

Im Frühling 1981 spielte ich als Mittelstürmer bei Empor Weimar. Die HO (Handelsorganisation) war Namengeber, doch Köstlichkeiten des Exquisit wurden uns frecherweise nie gereicht. Typisch sowjetzonale Geschmacklosigkeit.

Wir sprangen in ausgeleierten, grünen Sportanzügen über einen fuchsigen Hartplatz, der uns in Weimars düsterem Norden Heimat war. Der Spielboden Marke Feinstaub war früher mal ein roter Kieshaufen. Unserer Sportstätte wurde gefürchtet von allen rotglotzigen Bauernlümmeln, die natürlich in ihren Fuck-Dörfern über schöne Rasenplätze verfügten. Wir waren Dreckfresser, jeder Sturz auf dem Felde stopfte uns das Maul mit rotem Kot und färbte unsere weißen, jugendlichen Körper. In Empors Juniorentruppe sammelte sich der Aussatz Weimars. Alle langmähnigen Desperados spielten dort, alle bunten Jungs, alle Schulschwänzer, Hallodris und Weiberrockhochheber.

Ich kickte Ende der 1970er Jahre lustlos bei einer der zahlreichen Traktortruppen und las isoliert in der Halbzeit Nietzsche, als mich der donnernde Ruf Empors erreichte. Empor war eine wirkliche Oase des geliebten Fußballspiels. Eine Vereinsleitung, die nicht nur aus fußballdoofen Quadratköppen bestand, und ein sehr freundlicher Trainer, kein brutaler Päderast, wie ich sie bis dahin im Jugendbereich antraf. Unter dem freundlichen Regime unseres Trainers Hartmut Hagelganz geschah in der Saison 1980/81 ungeheuerliches. Wir spielten in der Kreisklasse Weimar Stadt und Land. Unser Hauptgegner waren die bösartigen Totmacher aus Mellingen und die weichmütigen Techniker aus Schöndorf.

Empor glänzte durch pfeilschnelle, überraschende Angriffe und durch Courage. Der Trainer hatte es geschafft, aus den Gestörten der Stadt eine Einheit zu formen. Anfangs wurden wir von den gut gefütterten Bauerntruppen verlacht. Viele von uns hatten schmieriges, strähniges Haar. Wir hielten manchmal unseren Rumpf sauber – und manchmal nicht. Unsere Trikots waren ausgewichst, die Hosen hingen wie Säcke. Wir rauchten vorm Spiel erst mal eine Kippe, bevor wir uns gemächlich in die Pötten packten. Doch sobald der Schiri in seine Pfeife blies, änderte sich das Bild. Geschlossen wurde nach vorn marschiert und der Gegner fängisch gestellt. Reihenweise versohlten wir die Pfeifen vom Lande, und auch unsere städtischen Gegner wurden fachgerecht geschlachtet. Zur Halbserie lagen wir an zweiter Stelle. Der erste Platz berichtigte zur Teilnahme an der Aufstiegsrunde zur Bezirksliga. Dort hatte noch nie eine Empormannschaft gespielt. In der Rückrunde wurde unser Team von einem abtrünnigen Spieler des Weimarer Vorzeigeclubs Motor verstärkt. Er war trainingsfaul, ein eitler Pfau. Er scharwenzelte mit sieben Mädchen auf einmal durch den finsteren Goethepark, trat aber genial gegen den Ball. Mit ihm schafften wir das Unmögliche, wir wurden Kreismeister. Die Bauern tobten, wir feixten uns eins. Ich feixte mir eins zuviel und knallte mit meinem Motorrad gegen einen LKW. Vom Krankenlager verfolgte ich den Siegeszug meiner Emporkömmlinge. Tatsächlich schafften wir den Aufstieg in die zweithöchste Spielklasse der DDR. Da wir aber altersmäßig im nächsten Jahr in die Männermannschaft aufrückten, konnten wir die Früchte unserer Siege nicht ernten. Unsere Nachrücker stiegen in der Folge sofort wieder ab.

Es ist Samstag, der 17. Mai 1980, gegen zwei Uhr morgens. Ich sitze mit Mutters Bemmen und brühend heißem Kaffee in der Küche. Ralf muss gleich kommen. Und dann ab, ab nach Berlin! Raus aus dem kleinen Nest, in dem wir wohnen. Raus ins Abenteuer Pokalfinale. Ralf und ich sind Zeissfans. Heute geht's in Berlin gegen die Fürze aus Erfurt um den FDGB-Pokal. Der große FC Carl Zeiss gegen die Scheißer von Rot Weiß.

Unsere Heimatstadt Weimar ist eine geteilte Stadt. Die Unterstadt hält zu Erfurt, die Oberstadt zu Jena. Alle Weimarer „Erfurter" sind selbstverständlich asozialer Dreck. Obwohl Erfurt näher am Westen liegt. Noch blöder, deren gestörter Mob ist unserem bei weitem überlegen. Ralf und ich sind knapp siebzehn. Die Fahrt nach Berlin ist unser erstes großes Auswärtsding. Motorgeräusche, Ralf mit seinem Onkel im Auto. Ab in Vaters alte Lederjacke, den blau-gelb-weißen Schal Marke Mutti um den Hals und nach unten gesprintet. Ralfs Onkel Dieter hat uns den Fußballwahn implantiert. Dieter ist auf ewig Zeissfan. Dazu arbeitet er im Jenenser Zeisswerk und ist Reisekader. Er darf in den Westen reisen, berufsbedingt, aber auch privat. Er hat 1974 in Hamburg Jürgen Sparwasser jubeln und Franz Beckenbauer flennen sehn.

Unser Berufswunsch ist eh klar. Entweder erfolgreicher Fußballer oder bewährter Reisekader. Ins Nicht-Sozialistische-Wirtschaftsgebiet, versteht sich. Wir wollen raus in die Welt, wenigstens episodisch.

„Und Alter, biste fit im Schritt?"

„Klar Ralfie!"

„Jena-Fans – seid ihr alle da?"

„Jaaaaaaaaaaaaaa!"

„Wer wird gewinnen?"

„Jäääähnaaa!"

„Wer wird verliern?"

„Äääährfuuurz!"

„Einer –"

„– für Alle"

„Alle –"

„– für einen"

„Olé, olé olé olé – Deutscher Meister, der Eff Zeeh Zeeh!"

Der liebe Fußballonkel Dieter lässt den Trabi knattern und fährt uns zum Bahnhof. Er gibt noch ein paar gute Ratschläge, warnt uns vor den bösen Berlinern, egal ob BFC-isten oder Unioner. „Wenn der Sachse kommt, haun die jedem auffen Kopp! Und unterhalb von KW is für die alles Sachsen! Versteckt eure Schals unter den Jacken, wenn ihr allein unterwegs seid, achtet auf die gestörten Erfurter Horden, Berlin ist Feindesland!" Wir gucken ihn nicht sehr verwegen an und nicken. „Und bringt mir ja den Pokal mit, ansonsten könnt ihr gleich bei den Mäusen bleiben!" Dieter knallt die Tür zu und braust mit seinem Papprennwagen in die Nacht. „Was meint er nur mit ‚bei den Mäusen' bleiben?" „Keine Ahnung, komm wir gehen in die Mitropa und lutschen ne Bowu." Außer unseren Schals und einem Nylonbeutel voll Bierflaschen reisen wir ohne Gepäck. Das Spiel findet am Nachmittag im Stadion der Weltjugend statt. Vorher wollen wir uns ein wenig die Hauptstadt der DDR anschauen, es ist unsere erste Reise ohne Aufpasser.

In der Mitropa treffen wir drei rot-weiß gewandete Gestalten. Es sind Freunde aus der Unterstadt, angehende Lehrlinge wie wir. Sie wollen auch vorm Spiel durch Berlin bummeln. Im Zug werden schnell Skatkarten ausgepackt, Bierflaschen auf und runter das Zeug. Der Zug rattert durch den finsteren Osten, wir brüllen uns aus Geikel Hassgesänge um die Ohren. „Wir scheissen auf die Fürze! Wir scheissen auf die Heinze! Ey, wir sind Carl Heinze!"

Fußballromantik pur. Es ist schön wie immer. Irgendwann pennt alles weg. „Berlin Schönefeld, alle Reisenden aussteigen, der Zug endet hier!" Verpeilt wanken wir auf den Bahnsteig, es ist knapp 5 Uhr am Morgen. Es dauert ein paar Momente, bis wir wieder wissen, wer wir sind und was wir hier wollen. Im Bahnhof Schönefeld treffen wir auf weitere Jenafans, bereits im Zug haben wir uns von den Weimarer „Erfurtern" getrennt. Sie sind nun wieder unsere offiziellen Feinde, fiese Vieselbacher, scheckige Windbeutel. Ein großer Pulk Jenaer schwenkt die geliebten blau-gelb-weißen Farben und jodelt los. Wir sind die größten der Welt. „Ab in die S-Bahn und zum Alexanderplatz!", lautet die Parole. Gegen Mittag ist das Marx-Engels-Forum als Treffpunkt ausgemacht. Wir Hinterwäldler bestaunen den Bahnsteig, bestaunen die S-Bahn, bestaunen die riesige Stadt, die wir via S-Bahn durchmessen.

Am Alex angekommen, ist alles irgendwie grau. Zumindest haben wir uns das prächtiger und berauschender vorgestellt. Vereinzelte Passanten hasten vorbei und schauen uns argwöhnisch an. Erster Fehler: wir sind nur etwa zwanzig Mann und tragen unsere Fanutensilien offen. Nur durch einen Zufall entgehen Ralf und ich der Attacke. Harndrang rettet uns. Während die anderen durch die S-Bahnunterführung gen Alex strömen, schlagen wir uns in die Büsche. Die Gruppe Grünschnäbel wird von einer Walze Schläger überrollt, willkommene Beute. Schals und Fahnen werden geruppt, nach wenigen Sekunden ist der Spuk vorbei. Wir treten aus den Büschen, die Jenaer sind verschwunden, die Angreifer auch. Trotzdem stecken wir unsere Schals in die Jackenärmel. Es ist warm geworden, unsere Jacken baumeln locker auf der Schulter. „Scheisse, nochmal Glück gehabt. Lass uns was futtern gehen, da hinten seh ich ein SB-Cafe Zeichen." Ein Selbstbedienungscafé, die unterste Stufe gastronomischer Verwöhnung, aber egal. Fünf Minuten auf dem Alex und bereits der zweite Fehler.

Als wir uns in die Schlange der sich selbst Bedienenden einreihen, wissen wir schnell, wer unseren Jenaer Trupp überrannt hat. „BFC-Fans", raunt Ralf und wir machen uns unsichtbar. Die Biffzen sitzen gleich am ersten Tisch und haben den ganzen Vorplatz im Blickfeld. „Mann, war das geil, den Sachsen eine aufs Geweih zu zimmern!" „Ey mann, sind die doof, haste mal ne Cola? Goola"! Die ganze Meute wiehert, wir schlingen unseren Hackepeter runter und sind flink wieder an der frischen Berliner Luft. Verdammtes Berlin, überall lauert Gefahr, in jedem SB ein feindlicher Spion. Ganz so verzwickt hatten wir uns die Angelegenheit nicht vorgestellt. Wir wollen hier nur entspannen.

Doch was wären waschechte Weimarer ohne Frohsinn und Kultur im Herzen! Wir stolpern in die Büsche vorm Roten Rathaus und nehmen erst mal eine anständige Mütze Schlaf. Um uns herum mümmeln friedliche Kaninchen, und der Zeissgott summt uns in den Schlaf. Gegen Mittag besuchen wir die nahe Marienkirche und geben uns ganz einer Orgelprobe hin. Am Marx-Engels-Forum umgibt uns wohliger Klang. Viele hundert Thüringer Kehlen künden vom wundervollen FCC, der hier und überall regiert. Für heute und für immer! Hinten am Alex stehen wohl die Erfurter, auch Berliner sollen auf Pirsch sein. Doch einstweilen trennt uns Bereitschaftspolizei und die Sonne scheint uns. Wir hüpfen in den Neptunbrunnen – und dann sehe ich sie: Martina! Blau-Gelb-Weißer Minischal, strohblondes Haar, siebzehn Jahr. Eine Perle unter hundert Säuen.

An den Füssen Kletterschuhe, den Körper in einen schicken Levis-Anzug gehüllt. Ich schau sie an. Sie schaut mich an. Sie haucht ihren Namen und verschwindet. Wie eine Fata Morgana. Ahhh!

Der Aufbruch gen Stadion naht. Wir sind eine stolze Kolonne. Die Nebenstraßen sind durch Sicherheitskräfte abgeriegelt, vereinzelt hören wir Fetzen feindlicher Gesänge. Das Stadion der Weltjugend ist ein Meer in Rot-Weiß. Mit einem kräftigen Schuss Blau-Gelb-Weiß. Fünfundvierzigtausend muntere Fußballfreunde besetzen die Ränge. Jeweils zwölftausend aus Jena und Erfurt. Der Rest kommt aus Spaß am Fußball. Oder aus Spaß am Balgen. Etwa jeweils eintausend Unioner und BFCer haben sich eingefunden. Die Union steht bei Erfurt, der BFC-Mob allein und separiert. Alles schreit wild durcheinander und feuert die eigenen Farben an. Es ist ein brodelnder Hexenkessel. Das geht uns ganz schön unter die Haut. So eine Masse an Zuschauern haben wir noch nie erlebt, ein Schauer der Begeisterung folgt dem nächsten.

Jena beginnt zurückhaltend, das ist auch der unbarmherzig auf Fans und Spieler einbrutzelnden Sonne geschuldet. Die miesen ErFürze erzielen tatsächlich das 1:0 gegen das stolze Jena! Nun toben wir wie die Teufel in unserem Block. Der Irrsinn erreicht das Team, kurz vor dem Ende der neunzigminütigen Spielzeit trifft unser Raab zum 1:1. In der folgenden Verlängerung spielt nur noch unser Club. Dem 2:1 von Lothar Korbjuweit folgt kurz darauf Sengewalds 3:1. „Wir haben den Pokal, Hallelujah!" Wir singen, wir liegen uns in den Armen, wir schreien, bis die Stimme versagt. Wir lassen die Mannschaft hochleben und verhöhnen die deprimierten Erfurter aus.

Das Stadion leert sich, zuletzt verlässt winkend unser junger Trainerfuchs Hans Meyer das Rund. Berauscht und im himmlischen Gefühl des Sieges, feiert die Anhängerschar Richtung Ausgang. Wir nehmen die Chausseestraße in ihrer ganzen Breite Richtung S-Bahnhof Friedrichstraße. Alle Seitenstraßen sind ab Invalidenstraße abgesperrt, es bleibt nur der gerade Weg. Wir laufen etwa in der Mitte des träge fließenden Stromes. Plötzlich entsteht hinter uns Unruhe. Einer schreit, die Berliner kommen! Die Draufgänger bleiben stehen, einige laufen sogar gegen den Strom, in Richtung des Unruheherdes. Wir packen schnell unsere Schals unter die Jacken. Von hinten ist Geschrei zu hören, Panik macht sich breit. Blitzartig beginnt die Masse zu rennen. Wir hasten in einen Hauseingang und spähen nach hinten. Da kommen schon die ersten blutenden Jenafans. Dahinter der Mob schreiender Verfolger. Wir drücken in Panik die Haustür auf. Etliche Jenafans folgen uns. Ich verliere den Kontakt zu Ralf. Einige laufen gleich die Vorderhaustreppe nach oben, ich haste weiter ins Hinterhaus, dort die Treppe hoch und gewartet. Stimmengewirr im Hausflur: „Dreckssachsen, wir kriegen euch Alle!“ „Eisern Berlin, Eisern Berlin!“

Schon höre ich die Schläger auf der Treppe. Ich laufe voll Grausen bis zur Dachbodentür. Verschlossen. Ich spüre keine Kampfbereitschaft in mir. Ich mache mich ganz klein. Ich halte den Atem an. Ich habe Angst. Angst vor Prügeln und Demütigung. Der Lärm verebbt. Stille. Nach zehn Minuten traue ich mich hinunter. Die Straße ein Schlachtfeld. Übersät mit Jenaer Fanutensilien. Polizei ist nicht zu sehen. Nur vereinzelte feindliche Trupps, die auf Jenaer einschlagen. Wer nachgibt, seine Fansachen loslässt, hat meist Ruhe. Gleichwohl fließt viel Blut an diesem Tag. Die Angreifer scheinen beiden Berliner Fanlagern anzugehören. Auch Erfurter sind mit

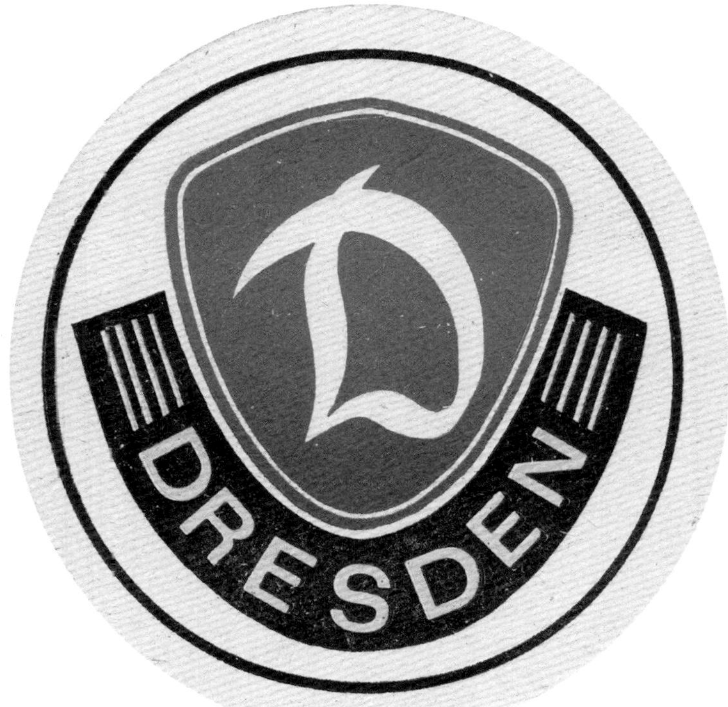

Bierdeckel von Dynamo Dresden

von der Partie. Ich gehe ganz eng an den Schaufenstern lang. Versuche, mich unsichtbar zu machen. Es gelingt, ich falle keinem auf. Höhe Friedrichstadtpalast ebbt die Schlacht ab. Doch die Masse der Jenafans ist noch immer in Panik. Am S-Bahneingang ein übles Bild. Die Menschen quetschen sich, wilde Schreie ausstoßend, durch einen schmalen Gang zu den S-Bahnen. Eine fürchterliche Ouvertüre der Grausamkeit.

Geschafft! Ich erreiche die S-Bahn. Eine Hand fasst mich von hinten. Martina! Wir küssen uns sofort wild. Auch Ralf taucht wieder auf, leicht verbeult zwar, doch frohgemut. Später feiern wir im Sonderzug nach Jena. Der Straßenkampf wird nicht thematisiert. Wir haben uns mit reichlich Alkohol eingedeckt, binnen kurzem ist der ganze Zug eine glitschige Rutschbahn. Wir saufen, wir singen, wir jubeln! Martina weicht nicht mehr von meiner Seite. Wir tanzen, wir knutschen, wir robben durch den Zug. Der einzig separate Raum ist die Toilette. Sie wird für eine Zugfahrt lang unser Zuhause. Was für ein Leben!

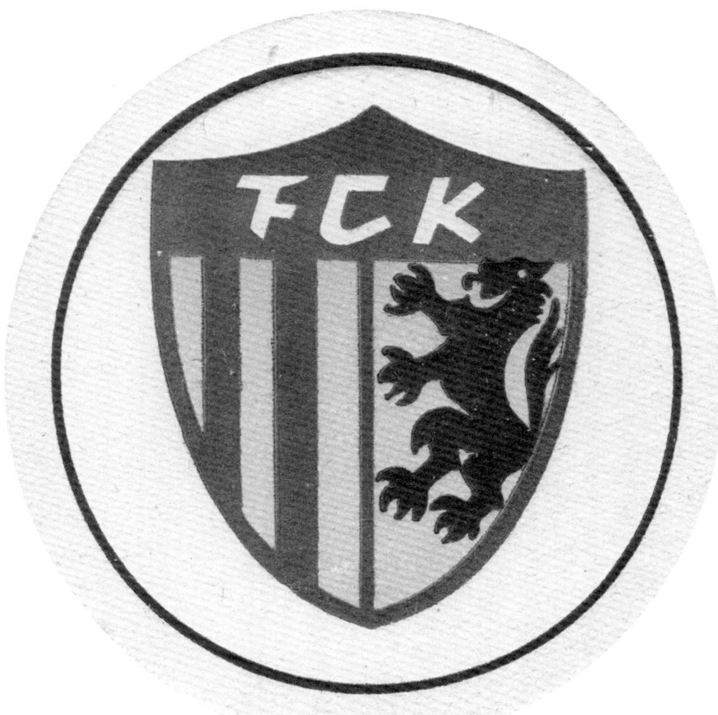

Bierdeckel von FC Karl-Marx-Stadt (heute Chemnitzer FC)

Gastbeiträge: Geschichten mit Hammer, Zirkel und Ball

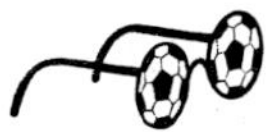

Mein erstes Stadionheft

(Von Jochen Schmidt)

„Programm“ steht groß auf der ersten Seite meines ersten Stadionhefts. Es handelt sich bei diesem „Meisterschaftsspiel der Oberliga“ also nicht nur um ein Fußballspiel, sondern um eine Aufführung, für die man – wie im Theater – ein Programm kauft. „Oberliga“ hieß es bei uns, darunter kam die „Liga“, ein Wort, das den Geschmack von Minderwertigkeit hatte. „Bundesliga“, das klang ganz fremd für mich, wie „Bundesrepublik“ und „Bundeskanzler“. „Bundes“ – das war dieses bohnenförmige Land, das sich auf der Wetterkarte so begierig an die DDR anschmiegte.

„BFC Dynamo – Stahl Riesa, Sonnabend, den 7. April 1979, 15.00 Uhr“ steht weiter unten auf meinem Programm. „Stahl“ – da sah man derbe, müde Männer vor sich, die nach der Arbeit auch noch Sport treiben mussten. „Dynamo“ – das klang für mich modern, wenn ich auch nie verstand, warum man einen Klub so nannte wie einen Fahrraddynamo.

Den größten Reiz der ersten Seite bildet ein ziemlich ungeschickt skizzierter Bär mit einer runden Krone aus Burgzinnen, der auf der Fußspitze einen Ball jongliert. Der Bär trägt das Trikot des BFC Dynamo, weißes Hemd und weinrote Hose. Ein Rot-Ton, der eben nicht einfach nur rot war, sondern für den man zwei Ergänzungen brauchte. „Weinrot“ – was wusste ich schon von Wein? Dass allein die abweichende Tönung einer Farbe im Land Hassgefühle auslösen konnte, erfuhr ich erst später.

Der Ball sieht aus wie ein richtiger Ball, mit sechseckigen Segmenten, von denen manche schwarz sind. Das ist sehr schwer zu malen, wenn man es im Zeichenunterricht hinkriegen will. Der Bär hat etwas, worum ich ihn beneide: richtige Töppen. Mit denen kann nämlich sogar ein Bär Fußball spielen, aber ich konnte davon nur träumen. Auch wenn ich mir im Haus für Sport und Freizeit eine Papiertüte mit Schraubstollen gekauft hatte, einfach, weil sie so billig waren. Aber meine Idee, sie an meine Stoffturnschuhe anzuschrauben oder anzukleben, ließ sich nicht umsetzen.

Der bildnerische Einfall, das Motiv des Berliner Bären mit dem Fußballspiel zu verbinden, leuchtet mir sofort ein. Die Gestaltung des Programmhefts wird sich in den acht Jahren, die ich ins Friedrich-Ludwig-Jahn-Stadion gehe, nie ändern, immer derselbe ungeschickt gezeichnete Berliner Bär, und ganz unten wird in kleiner Schrift vermerkt: „Vorspiel: 12.15 Uhr“ und „Preis: 0,20 M“. Immer derselbe Preis von 20 Pfennig. Sogar die Spieler sind eigentlich immer dieselben. Und der Trainer sowieso. Ich schätze das, ich möchte keine Veränderungen.

Das Heft besteht aus zwei ineinandergefalteten und ungehefteten Din A4-Seiten. Es ist durchaus luxuriös, denn innen ist es zwar Schwarz-Weiß, aber auf der Rückseite kehrt das Rot der Turnhose des Bären in der Überschrift wieder: „Die beiden Aufgebote“. Da unser Land Rohstoffe und natürlich auch Farbe sparen muss, weiß ich es zu schätzen, wenn hier für mich ein wenig Verschwendung betrieben wird. Links sind unter „BFC Dynamo“ alle Spieler aufgelistet, die heute in Frage kommen, rechts in diesem Fall „Stahl Riesa“ und deren Spieler. Neben jedem Spieler gibt es ein Kästchen, und für alle Fälle sogar vier Ersatzkästchen, die nicht mit Spielernamen beschriftet sind. Unten steht ganz klein: „Die endgültigen Mannschaftsaufstellungen werden vor Spielbeginn bekanntgegeben. Bitte tragen sie die Rückennummern der Spieler in die Karos ein.“ Das ist immer sehr ernst zu nehmen. Unser Nachbar, Herr Fallack, der mich ins Stadion zum „Beh eff ßee“ mitgenommen hat, schreibt mit Kugelschreiber gewissenhaft die Nummern in die Kästchen. Man muss sich beeilen, weil der Stadionsprecher alles nur einmal sagt, es empfiehlt sich deshalb, manche Spieler schon vorher einzutragen, denn es ist klar, dass im Tor Bodo Rudwaleit stehen wird, mit der Nummer 1, hier riskiert man wenig. Dass sein Ersatzmann Reinhard Schwerdtner je zum Einsatz kommt, erlebe ich nicht. Er verbringt seine Karriere fast vollständig als zweiter Mann. Er ist auch der einzige Fußballspieler mit schütterem Haar, den ich je sehe. Auch bei Kapitän Frank Terletzki mit der Nummer 7 muss man sich nicht zu weit aus dem Fenster lehnen, wenn man ihn schon einträgt. Die Nummer 7 ist für mich ganz selbstverständlich die auffälligste und vollkommenste aller denkbaren Rückennummern. Zweitbeste Zahl ist die von Wolf-Rüdiger Netz, dem Stürmer mit der Nummer 11.

Auch die meisten anderen Spieler sind immer dabei, es gibt wenige Veränderungen. Norbert Trieloff, Reinhard Lauck, Artur Ullrich, Hans-Jürgen Riediger, Ralf Sträßer, Bernd Brillat – ich lerne die Namen mühelos auswendig, im Grunde beim ersten Lesen, und ich halte sie alle für herausragende Spieler, auch wenn ich sie auf die Entfernung auf dem Spielfeld gar nicht unterscheiden kann. Ich kriege ja schon kaum mit, wenn ein Tor fällt. Dafür bin ich der Meinung, dass ich es, wenn ich selber mitspielen dürfte, viel besser machen würde. Das kann ich richtig vor meinem inneren Auge sehen. Herr Fallack wird später auch eine Strichliste mit Eckstößen und gelben Karten im Programmheft führen. Nach jedem Tor und nach jeder Auswechslung trägt er die Spielminute ein. Einmal wird ein eingewechselter Spieler wieder ausgewechselt, das sind Grenzfälle, die mich immer besonders interessieren, wie direkt verwandelte Ecken oder die Frage, was passiert, wenn einer während des Spiels aufs Klo muss oder wenn der Schiedsrichter aus Versehen ein Tor schießt. Und darf man den Ball auf dem Kopf ins Tor tragen? Was ist, wenn er so geschossen wird, dass er im Dreiangel stecken bleibt? Warum stellen sich nicht alle elf Spieler ins Tor und wehren den Ball mit dem Körper ab?

Der Schiedsrichter heißt Sportfreund Peter Müller und die Linienrichter Sportfreund Klaus Scheurell und Sportfreund Wolfgang Henning. Die Trainer sind Jürgen Bogs und Günter Guttmann. Von Stahl Riesa kenne ich keinen einzigen Spieler. Sie heißen Wolfram, Klaus, Volkmar, Dietmar, Fred und Frieder. Es gibt natürlich überhaupt keinen ausländischen Spieler, aber man erzählt sich, dass bei Cottbus oder Stahl Brandenburg ein Russe mitspielen soll, der aber eigentlich Soldat sei.

Ganz klein steht auf der letzten Seite noch eine dieser rätselhaften Zahlen, auf die man in der DDR überall stößt: „149 Ag 106/23b/79/6“. Vielleicht wüsste Edgar Rohloff mehr darüber, dessen Name am Ende des Programmhefts steht: „Buchdruckerei Edgar Rohloff, 1055 Berlin“. Im Internet findet man diese Buchdruckerei heute noch in der Heinrich-Roller-Straße im Prenzlauer Berg. Edgar Rohloff muss nun schon 40 Jahre älter sein, also wohl in Rente sein. Aber es beglückt mich, dass wenigstens eine der Sachen, von denen im Programm die Rede ist, noch existiert.

Die Sonne blendet, gegenüber ist der Fanblock, Stahl Riesa hat nur ganz wenige Zuschauer mitgebracht, die sich auch kaum zu Wort melden, sicher sparen sie ihre Kräfte, weil sie morgen früh raus und Stahl kochen müssen. Die BFC-Fans stehen mit der Mauer im Rücken, und ich frage mich, warum sie nicht einfach alle gleichzeitig rüberspringen. Kurz nach einem Tor zum Beispiel, wenn keiner sie beachtet.

Der BFC hat eine Anzeigetafel, auf die mit kleinen Lichtern auf schwarzem Grund beliebige Wörter geschrieben werden können, das finde ich sehr beeindruckend. Bei „Sport aktuell“ sieht man ja, dass in anderen Oberligastadien an der Stelle nur zwei Schilder stehen: „Heim“ und „Gäste“. Jemand muss dort den Spielstand mit Zahlentafeln reinschieben, wie in der Kirche die Seiten vom Liederbuch.

Ab und zu unterbrechen die Spieler ihr Tun, die vom BFC kommen wie auf ein Zeichen an einem Punkt zusammen und trotten von dort in ihre Hälfte zurück. Die Fans brüllen wütend: „Hia, hia, der BFC!“ das heißt, es ist ein Tor gefallen. Im Fernsehen würde jetzt ein „R“ eingeblendet werden, für „Replay“ und man könnte die Szene noch einmal sehen. Herr Fallack trägt den Namen des Torschützen ein, wir führen schon 5:0 oder 6:0, ich wünsche mir, dass wir mehr als 10 Tore schießen, weil das ein Grenzfall ist, in manchen Stadien wäre die Anzeigetafel damit sicher überfordert. Außerdem sorgen die Tore für Abwechslung, viel mehr bekomme ich vom Spiel ja gar nicht mit, weshalb ich immer wieder mein Programm studiere und mir alles Wort für Wort durchlese. Auf Seite zwei steht die Oberligatabelle vor dem Anpfiff und daneben unter der Überschrift „Nach dem Abpfiff“ gestrichelte Linien. Hier wird Herr Fallack auf der Rückfahrt in der S-Bahn die neue Tabelle eintragen, die er selbst ausrechnet. Dazu muss man aber die Ansage am Ende des Spiels abwarten, damit man bei „Die weiteren Ansetzungen des heutigen Spieltages“ die richtigen Ergebnisse eintragen kann. Meistens steht man dann schon, oder man hat das Stadion halb verlassen, dreht aber noch einmal den Oberkörper, um zu hören, was der Sprecher sagt, und hier und da gemeinsam zu staunen. Man weiß nämlich eigentlich schon, wie die Mannschaften spielen müssten, und man registriert als Kenner jede Abweichung von der Norm.

Die 14 Mannschaften der Oberliga heißen Lok, Stahl, Sachsenring, Wismut, Chemie Böhlen oder HFC Chemie. Nur der BFC und Dresden schmücken sich mit dem „Dynamo“ im Namen, das so modern und gleichzeitig sportlich klingt, und vor allem nicht nach Arbeit in einer Fabrik. Ganz oben in der Tabelle steht der BFC, ich bin also zum richtigen Zeitpunkt Fan geworden, nach 18 Spieltagen hat er sieben Punkte Vorsprung auf Dynamo Dresden und ein Torverhältnis von 52:9, also 16 Tore mehr als Dresden. Wie konnte es passieren, dass sie sich neun Gegentore gefangen haben? Seltsamerweise steht der BFC in der Nachwuchs-Oberliga, deren Tabelle unten abgedruckt wird, hinter Magdeburg nur auf Platz 2. Das ist immer ein Makel für mich, die Welt ist noch nicht perfekt. Den Abschluss der Seite bildet eine Werbeanzeige vom Neuen Deutschland „ND immer dabei". Es gibt nur noch eine andere Werbung im Programm „Na klar … Sport-Toto Überall bekannt – überall beliebt". Ich verstehe den Sinn von Werbung nicht. Wenn eine Firma für etwas wirbt, gibt sie doch zu, dass sie es nötig hat, das macht den Kunden doch misstrauisch.

Auf Seite 3 steht der Leitartikel des Heftes „Jeder Erfolg muss neu errungen werden!" Hier lese ich, dass der BFC in diesem Jahr noch nicht verloren hat, ein neuer Oberliga-Rekord. Es spricht alles dafür, dass wir zum ersten Mal Meister werden. Ich bin gerade noch rechtzeitig gekommen, um diesen und die nächsten neun Meistertitel in Folge mitzuerleben. Auf Seite 4 folgt ein Gespräch mit Joachim Hall, dem „Mannschaftsleiter des Oberligakollektivs". „Welche besonderen Aufgaben hat ein Mannschaftsleiter?" „Er ist für die politisch-ideologische Erziehungsarbeit im Kollektiv sowie für die organisatorische Vorbereitung und einen reibungslosen Ablauf des Trainings und der Wettkämpfe verantwortlich, nimmt darüber hinaus Einfluss auf die sportliche und berufliche Entwicklung der Aktiven."

Gegenüber, auf Seite 5, geht es spielerischer zu, hier gibt es die „Autogramm-Ecke". Unter einem Foto des Spielers Ralf Sträßer, der die Haare lang über die Ohren trägt, wie die Jungs, die bei uns in Berlin-Buch den ganzen Nachmittag vor dem Jugendclub stehen und eine Spucke-Lache hinterlassen, ist etwas Platz gelassen. Ich weiß aber nicht, wie man es schaffen soll, Ralf Sträßer dazu zu bringen, hier seinen Namen einzutragen. Wo sollte man ihm begegnen? Muss man sich bei Joachim Hall anmelden? Ob Fußballspieler auch einen Teil ihrer Zeit getrennt von der Mannschaft verbringen?

Neben der Autogramm-Ecke gibt es Informationen zum Souvenirangebot: „Schlüsselanhänger Ball 2,50 M, Manschettenknöpfe 10,00 M, Fußballschuhe (10 cm) 1,50 M, BFC-Fahne 12,50 M, Nur im Direktbezug sind außerdem erhältlich: Sitzkissen 12,50 M." Das Souvenirangebot nimmt mich sofort gefangen, ich leiste mir schon bei meinem ersten Besuch einen Wimpel mit den Porträts aller Spieler. Das Emblem des BFC mit seiner modernen, lebensfrohen Gestaltung, hat sich mir ins Gehirn gesenkt, wie ein Brenneisen.

Seiten 6 und 7 liefern Insider-Informationen, die man nirgendwo sonst findet. Michael Noack ist verletzt. Bernd Brillat ist Vater geworden. Wolf-Rüdiger Netz macht sein 300. Spiel. Und der BFC Dynamo veranstaltete kürzlich für seine jugendlichen Anhänger ein Skatturnier. Außerdem hat die Nachwuchsabteilung des Klubs 1.078 Mark als Solidaritätsspende gesammelt und auf das Solidaritätskonto überwiesen.

Ich hebe mein erstes Stadionheft auf und im Lauf der Jahre wird ein ganzer Stapel zusammenkommen. In den Wirren der Wendezeit trenne ich mich davon, was ich später bereue. Dank Ebay konnte ich es mir wieder beschaffen. Was mich wundert ist, dass dieses unvergleichliche Dokument dort lediglich 1 Euro gekostet hat. Ich ging von einem Computer-Fehler aus und habe es mir für diesen lächerlichen Preis sofort gesichert. Regelmäßig nehme ich es zur Hand und studiere seine Geheimnisse, von denen ich, da bin ich mir sicher, noch längst nicht alle entschlüsselt habe.

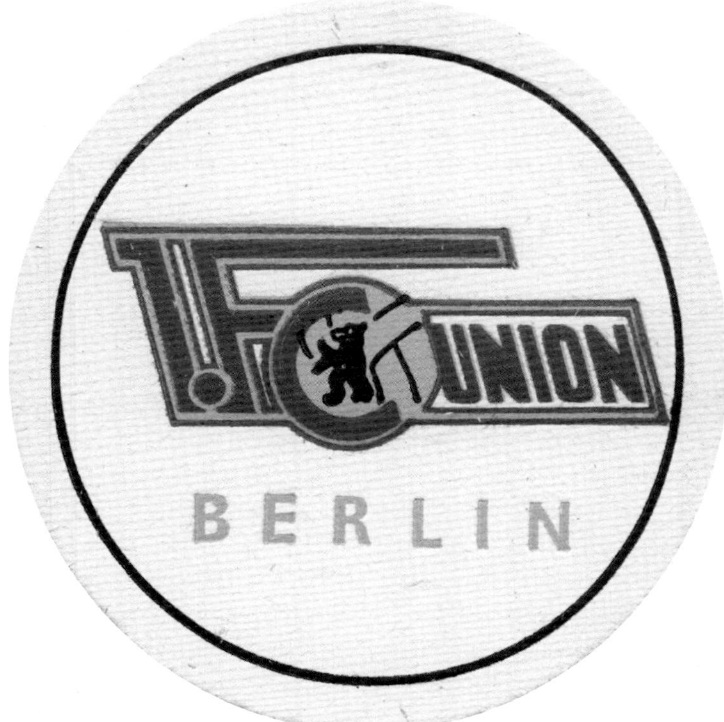

Bierdeckel von Union Berlin

Wie Henry mit einer Schwalbe fliegen lernte

(Von Jörg Dietrich)

Im thüringischen Kleinbrehna herrschte unter allen anderen Kindern betretenes Schweigen, als Henry flog. Tags zuvor war der Herbst des Jahre 1979 mit heftigen Böen und kalten Schauern ins Dorf eingezogen. Die Pappeln am Sportplatz fauchten garstig und warfen ihre Blätter aufs Spielfeld. Als hätten sie es satt, den Wind für mittelmäßig begabte Fußballer zu bremsen.

Gerhard Bernd, Fußballnarr, Volkspolizist und Übungsleiter der Knabenmannschaft der BSG Traktor Kleinbrehna, hatte sich vor fünfzehn bibbernden zehnjährigen Jungen in klatschnassen Trainingsanzügen aufgebaut und verlangte Härte. „Dieser Platz hier ist und bleibt unser. Dass das für morgen klar ist. Ihr müsst am Montag in der Schule euren Klassenkameraden wieder unter die Augen treten. Ich nicht." Er ließ den Blick bedeutungsvoll langsam an den Kindern entlang gleiten. Sie schauten ihn alle mit gesenkten Köpfen an. Dann donnerte er: „Habt ihr mich verstanden?" Alle zuckten zusammen. „Nur ein Sieg zählt", schob er nach einer Wirkungspause leise nach und hielt sich für einen großen Psychologen. „Und jetzt ab unter die Dusche." Sofort stürmten die Jungen grölend nach Haus.

Der Übungsleiter warf sich ein großes Netz voller Bälle über die Schulter und stapfte zufrieden durch den nassen Rasen hinüber zum kleinen Sportlerheim. Am Abend besuchte er die Männerrunde in der Dorfschenke. „Na Gerhard, alter Tierquäler", begrüßte ihn der Wirt grinsend. „Kannst du die Kinder nicht mal bei diesem Mistwetter in Ruhe lassen?" „Ach, die brauchen das. Nur so wird was aus denen. Und sie tanzen mir nicht auf der Nase rum, wie ihren Eltern."

Während Ordnungshüter und Übungsleiter Gerhard Bernd in der Schänke große Reden führte, lag Henry frisch gebadet in seinem Bett und konnte nicht einschlafen. Er dachte an das Spiel am nächsten Tag. Eine Spielszene nach der anderen schoss ihm deutlich durch den Kopf und alle führten unweigerlich zu einem Treffer. Jedoch wusste er stets, dass die gar zu seltene Gabe göttlicher fußballerischer Fertigkeiten vonnöten war, um von der Position des rechten Verteidigers aus überhaupt das Tor zu treffen und womöglich den Schuss unhaltbar zu platzieren. Henry war sehr beunruhigt. So sehr er sich den Kopf zerbrach, ihm wollte kein realisierbarer Spielzug einfallen, mit Hilfe dessen er seiner Mannschaft zum unweigerlichen Sieg verhelfen würde.

Über diesen schweren Gedanken schlummerte er ein und erwachte nach einer unruhigen Nacht so zeitig, dass er gerade erst seine Mutter ins Badezimmer schlurfen hörte. Eine dreiviertel Stunde später sollte für Henry der Wecker klingeln. Auch sein Vater durfte vor so einem schweren Spiel länger schlafen.

Henry stand auf. Ihn fror, denn die Wohnung war noch nicht geheizt und seine Mutter fühlte sich durch sein zeitiges Erscheinen gestört: „Was willst du denn schon hier?“ „Ich konnte nicht mehr schlafen.“ „Nicht, dass du nachher beim Fußball müde bist.“ „Nein, nein.“ Henry war genervt. Noch ein Unsicherheitsfaktor mehr. „Schlaf nicht ein“, hatte Herr Bernd schon oft gebrüllt.

Beim Frühstück verlangte Henry mächtig viel zu trinken. Immer wieder pappte das Marmeladenbrötchen in seinem Mund und drohte, ihn zu ersticken. Infolge des Frühstücks musste er bis zum Spielbeginn drei Mal pinkeln, was seine Unruhe auch auf andere übertrug. „Wenn du auf dem Platz nur halb so viel rennst, wie vorher aufs Klo“, blaffte sein Vater erregt. „Mach hin, wir kommen zu spät.“

Vierzehn Jungen in abgetragenen Fußballdressen lärmten schon mächtig, als Henry den Umkleideraum im Sportlerheim betrat. Für einen Moment wurde es ganz still, alle Augenpaare richteten sich zur Tür. Kein Erwachsener. Das Lärmen ging weiter. Das Kleinfeld war frisch mit Kreide abgefahren worden, die Eckfahnen flatterten im Wind. Der Regen war in der Nacht weitergezogen und hatte einen zerlöcherten Wolkenteppich zurückgelassen, der sich auch langsam davon schlich. Zwanzig Knaben standen angespannt an der Mittellinie und grölten dem Schiedsrichter, einem älteren mürrischen Herrn aus dem Nachbardorf, auf dessen „Sport“ ein „Frei“ entgegen. Die Ersatzspieler lungerten in der Nähe ihrer Übungsleiter am Spielfeldrand herum.

Henry rannte von Anfang an. Der Gegner war stark, sehr stark. Die Stürmer schossen aus allen möglichen und unmöglichen Positionen wild in der Gegend herum. An gute Vorgaben nach vorn konnte Henry nicht denken. Er war schon froh, ein paar der Geschosse zu erwischen, um ihnen wenigstens eine andere Richtung, als auf das eigene Tor, zu verpassen. Zur Halbzeitpause lag Kleinbrehna 0:2 zurück und Herr Bernd tobte. Die anwesenden Eltern ließen ihn gewähren, denn er sprach aus, was sie dachten.

Nach dem Wiederanpfiff starteten alle Kleinbrehnaer Spieler den Tränen nahe einen Sturmangriff auf das gegnerische Tor. Sie rannten und schrien wild durcheinander nach dem Ball. Sturm und Abwehr beider Mannschaften verdichteten sich im Strafraum zu einem knäuligen Gemenge und plötzlich lag der Ball im Netz. 1:2. Endlich. Der Anschlusstreffer. Gerhard Bernd schlug die Hände über dem Kopf zusammen. Die Kinder schauten sich überrascht an. Keiner wusste, wer letztlich das Tor geschossen hatte. Egal. Sie rissen die Arme hoch, umschlangen sich kurz und stürmten dann jubelnd in die eigene Hälfte zurück. „Ruhe jetzt“ und „Spielaufbau“ rief der erfahrene Übungsleiter mit fester Stimme.

In der Folge mehrten sich wieder die Angriffe der gegnerischen Mannschaft und ganz Kleinbrehna lief die Zeit davon. Gerhard Bernd schaute unentwegt auf die Uhr und brüllte seine kleinen Spieler nach vorn. Die Zuschauer traten unruhig auf der Stelle. Kurz vor Spielende sah Henry endlich mit dem Ball am Fuß einen kleinen Freiraum. All seine nächtlichen Strategien schossen ihm blitzschnell durch den Kopf, dann rannte er los. Die Berndsche Stimme überschlug sich. Die Zuschauer wurden aufgeregt laut, als Henry den gegnerischen Strafraum erreichte. Er sah den Torwart vor sich immer größer werden. Der schien das ganze Tor zu verdecken. Ein schrecklich kleines Tor. Henry zögerte mit dem Schuss. Bloß nicht daneben knallen! Verdammt. Ein Abwehrspieler näherte sich bedrohlich und gierte nach dem Ball. Alles drehte sich. Henry glaubte sich verloren und sprang. Als der Abwehrspieler an den Ball trat, machte Henry einen großen Satz nach vorn, schrie und wälzte sich schienbeinhaltend hin und her. Herr Bernd schlug die Hände vors Gesicht. Der Schiedsrichter pfiff hastig im Herbeieilen. Henry wälzte sich tapfer. Doch der erhoffte Strafstoß blieb aus. Der ältere Herr Schiedsrichter baute sich mit rotem Kopf vor Henry auf und zeigte ihm wütend die gelbe Karte. Henry sprang auf und gestikulierte wild mit den Armen, wie er es oft im Fernsehen gesehen hatte. Doch das half alles nichts. Seine Schwalbe war zu offensichtlich.

Nach dem verloren gegangenen Spiel wurde Henry gleich auf dem Platz vom Meister der Volkspolizei, Gerhard Bernd, gestellt. Mit leise bebender Stimme erging folgendes Urteil: „Ich hab euch immer gesagt, ihr könnt so lange machen was ihr wollt, wie ich nichts davon weiß. Aber heute weiß ich zuviel. Und damit stellst du dich vor deinen Mannschaftskameraden bloß und machst sie zum Gespött der Leute. Du disqualifizierst dich als sozialistische Sportlerpersönlichkeit, indem du dir die betrügerischen Absichten der sogenannten Sportler des imperialistischen Aggressors zueigen machst. Es schmerzt mich hier drinnen (er klopfte sich heftig auf die Brust), aber solche vom Westfernsehen verblendeten Elemente wie dich und wahrscheinlich auch deine Eltern können wir hier nicht gebrauchen. (er schüttelte den Kopf) Und sowas wollte ich für das Trainingszentrum vorschlagen. Du händigst mir noch heute deine Spielerlizenz aus. Und dein Dress lässt du auch gleich da. Das wasche ich lieber selber, bevor es noch nach Westwaschmittel riecht. Marsch, Marsch!“

Henry rannte heulend zum Umkleideraum, die anderen Kinder standen erschrocken noch auf dem Platz herum und Henrys Vater stritt sich lautstark mit dem Übungsleiter. Der Staatsmacht die Larve zu polieren, wagte er nicht und Henry fragte sich allein im Umkleideraum, wie Herr Bernd das mit dem Westfernsehen so genau hatte wissen können.

Im Zeichen des Clubs

(Von Anne Hahn)

„Das beeeeste Team der Welt, das weiß doch jedes Kind, Kind Kind, dass das die Magdeburger sind, sind, sind.“ Ich höre sie durch die Gärten. Der Gesang jault durch unsere Fichte und durch die Brombeersträucher – er zerfasert über dem Teich. Auch das noch. Ausgerechnet heute! Mein Vater rückt sein Brillengestell zurecht und setzt sich etwas gerader hin, der Holzstuhl knarzt energisch. Meine Mutter hebt die rechte Augenbraue und ergreift den Tortenheber. „Dann können wir ja anfangen!“

Ich haste zum vorderen Eingang und darf mich mit dem Anblick vertraut machen, mein Gatte schwebt mit zum fröhlichen Gruß erhobenen Arm in die Klausener Straße ein, sein blauweißer Schal umschlingt den gefährlich geröteten Hals. Im anderen Arm hält er eine nicht ganz taufrische Frau in dunkelblauer Joggingjacke, die sich in einiger Schieflage auf ihn stützt und so laut gackert, dass der bis jetzt andauernde Gesang zerbröselt. Auf der anderen Seite wird die Furie von Manni gestützt, dessen Hemd bis zum Brustansatz aufgeknöpft ist. Mann, sind die voll. Ich verschränke die Arme und erwarte das muntere Trio in Höhe der Mülltonnen. Jürgen zieht seine Entschuldigungs-Schnute und will mir einen bierreichen Kuss aufdrücken, als er mich erreicht hat. Ich wehre ihn ab, schnaufend vor Wut. „Meine Eltern sind zu Besuch, falls du dich erinnerst!?“ „Ach du Scheiße, aber, ich, wir … der Club …“ stammelt er. „Ihr wart beim Fußball-Spiel?“

Ich hätte es mir denken können. Immer, wenn er samstags gegen die Mittagszeit verschwindet, um angeblich ganz wichtige elektronische Ersatzteile bei Saturn am Alex, und natürlich nur dort, zu kaufen, kommt er in dieser Verfassung zurück. Meist hat er ganz zufällig Manni getroffen, der dann oft genug bis in den frühen Abend in unseren Garten starrt und Liedchen summt. Manni grinst mich schräg an, während die Tusse mir entgegen stolpert, eine verschwitzte Hand hinhält und lallt „Hi, Suse, anjenehm!“ Und schon gickert sie wieder. Jürgen legt mir einen Arm um die Schulter und schiebt mich zum Garten hinein, winkt seinen Gefährten und meint verschwörerisch „Alles nicht so wild, Miezlein, wir, also, naja, wir werden schon miteinander auskommen!“

Zwei Stunden später hat mein Vater das dritte Bier in der Hand und meine Mutter die halbe Flasche Eierlikör mit Suse geleert, die letztere auf ihrer halbstündigen Expedition zur Toilette entdeckt hatte. Dabei war sie auch im Traditionskabinett von Jürgen vorbeigeschlittert, dem einzigen Raum unseres Häuschens, dem ich meine Anwesenheit beharrlich verweigere, vom Putzen mal ganz abgesehen. „Scharfet Ding", meinte sie anschließend, „haste jut jebastelt. Vor allem mit den Paule det Foto. Wisster, dass ich Paul heißen sollte? Kam ja 74 uff die Welt. Awer Paula fand meene Alte doof, denn blieb noch Susonne."

Ich schalte seit Stunden auf stur. Jürgen labert über Fußballgeschichte. Die des Clubs natürlich. Mein Vater hört als einziger gespannt zu, während Manni und Jürgen sich ereifern, was von Rotterdam und Malimo erzählen und Suse sich bei meiner Mutter einhakt, um mit ihr ein Liedchen zu trällern. Meine Gedanken schweifen ab. Sie erheben sich in die Lüfte wie der jüngste Furz von Manni und ich sehe Jürgen vor mir. Damals, Anfang der Neunziger in einer Theaterkantine in Halle. In Berlin würde er leben, erzählte er mir nach der ersten gemeinsamen Bockwurst, und eigentlich aus Magdeburg stammen. Das war der richtige Zeitpunkt für den ersten seiner seltsamen Scherze. „In Halle werden die Doofen nicht alle, in Machdeburch an der Elbe isses jenau dasselbe." Ich fand das alles ziemlich aufregend und in den ersten Monaten fiel nicht einmal der Name des Clubs.

Samstag trafen wir selten aufeinander, da Jürgen meist wichtige Sachen erledigen musste, die die Woche über liegen geblieben waren. Wir wohnten beide im Prenzlauer Berg, mein Praktikum am Theater war zu Ende, seine Statistenrolle auch. Wo es so richtig hingehen sollte, war offen. Aber zusammen, das war bald klar. Nach etwa einem Jahr fragte er mich das erste Mal, ob ich vielleicht Lust hätte, zum Fußball zu gehen. „Ins Stadion?" hab ich gefragt, und er lachte, nee, bis zum Sofa. Es dauerte noch einmal drei Jahre, bis er mich mal mit zu Hertha schleppte, da spielte Werder Bremen. Die einzige Mannschaft, mit der ich was anfangen kann. Jetzt ist wohl klar, wo ich herkomme. Sehr weit nordwestlich der Börde. Zum Fußball wollte ich danach jedenfalls nie wieder. Zu laut, zu derb. Jürgen inmitten dieses Pöbels, meine ich. Mein Vater allerdings schaut Jürgen gerade voller Mitgefühl an. Er hat die ganzen Jahre gedacht, Jürgen würde sich nicht für Fußball interessieren. „Und, geht das schon lange, Junge?“ fragt er jetzt behutsam, als hätte Jürgen eine chronische Krankheit. „Mit sieben hat mich mein Vater mitgenommen. Gegen Energie Cottbus, das ging 1:1 aus. Das Stadion hat mich beeindruckt, die vielen Menschen, obwohl relativ wenige Leute da waren. Ich hab später in den Statistiken nachgeguckt, es waren 13.000 Leute da. Damals gab's nur Stehplätze, man setzte sich nicht hin. Mein Vater ging zu jedem Spiel, er hat mich immer mitgenommen“

Manni und mein Vater nicken wissend in ihre Biere, eine Amsel besingt das Ganze. Jürgen hat Fahrt aufgenommen. „Später bin ich auch alleine gegangen, dann stand ich im Fanblock, genannt der Block, haha!“ „Ja, zu den Domspatzen haben wir uns in dem Alter noch nicht hin getraut!“ Manni schaut in die Fichte, als würden dort oben Domspatzen nisten. „Kanntet ihr die?“ Fällt jetzt Suse mit aufgerissenen Augen ein. Ihre Jacke hat sie längst in den Garten gefeuert und nicht nur Manni betrachtet immer öfter wohlwollend das wenige, was sie darunter trägt. Ein selbstausgeschnittenes und darum ziemlich ausgefranstes Achselshirt mit V-Ausschnitt, ein XXL-V, dessen untere Spitze Flügel trägt und in einen Fußball sticht. „Man kannte sich halt, das waren Säufer, Assis, Blueser, Typen eben, die auch gerne mal gehauen haben.“ „Ich kannte einen“, fällt Jürgen Manni ins Wort, er beugt sich sehr weit zu Suse rüber, die mit ihrem Likörglas spielt. „Der Thomas ging in meine Klasse und das war sein Bruder, dem haben sie bei einem Spiel in Berlin ein Auge rausgehauen. Und der lief dann einäugig herum.“

In das staunende Schweigen und Nicken hinein wende ich mich meiner Mutter zu, will die Augen verdrehen und ihr Verständnis erheischen. Weit gefehlt. Sie hat ihren Blick auf Mannis behaarter Brust geparkt und quetscht ihr Gläschen in beiden Händen. „Und der Bruder von Mirko war auch bei den Spatzen“, legt Jürgen nach, wird aber von Manni übertönt. „Die Ankerfront kannte ich auch, ganz schlimme Finger! Nur die 79er waren noch schräger! Das böse Besteck!“ Suse grinst in die Runde, während sich mein Vater etwas beunruhigt zwischen Mannis Brust und meine Mutter schiebt. „Willst du noch Wasser, Lisbeth?“ fordert er mehr als zu fragen. Sie lächelt über Vaters Kopf hinweg und gießt sich und Suse nach, ich widme mich intensiv dem Rotwein.

„Anfang der Neunziger war ich das letzte Mal mit meinem Vater bei einem Spiel, FDGB-Pokal gegen Karlsruhe. Rückspiel. Oder war es Leverkusen? Nee, Leverkusen war das nich, da haben wir auch verloren, 1:5. In den Achtzigern. Nee, Anfang 90er." Jürgen wird leiser und verstrickt sich in widersprüchliche Erinnerungen, während nun Manni seine Chance wittert. „Brandenburg, liebe Leute, da war was los! Ganz heißes Eisen. Eine Show vom feinsten! War ich mit Spalte und Rokko. Die haben sich vom Stadion zum Zug und weiter bis nach Hause geprügelt, und dann stand da so'n Wicht vorm Stadt Prag." „Das war ne Kneipe", wirft Suse ein, während Manni galant lächelt, „genau, also vorm Stadt Prag war das Geld alle und Spalte hat den Typen gefragt, ob er mal fünf Mark hat. Hatte der nich, da war er fällig. Hat Spalte Glück gehabt, der kam nicht wieder auf die Beine. Kein Bulle in der Nähe." Jetzt wird Manni leiser, die entgeisterten Blicke meiner Eltern zeigen ihm, dass das keine tolle Story war.

„Und wie haben sie heute gespielt?", versuche ich die Situation wieder zu entspannen. Jetzt changieren die Blicke der Magdeburger zwischen Entsetzen und Verzweiflung. Suse rülpst und angelt sich ein frisches Bier aus dem Kasten neben dem Tisch. Jürgen streicht sich über die kurzen Haare. „Warum tu ich mir das immer wieder an? Es spricht alles gegen ein Erfolgserlebnis. Es gibt keine günstige Prognose. Ich hab wirklich nur ein Spiel in Berlin verpasst in den letzten Jahren, da war ich krank. Das war gegen Türkiyemspor, da haben sie auch glatt verloren. Da war ich nicht da." „Was ja sonst nicht passiert!" Das war Manni – und schon lachen sie alle drei los. „Doch, sonst haben sie auch verloren." Haha, sie wiehern um die Wette und mein Vater stemmt sich mühsam aus seinen Stuhl, schlurft ins Haus. „Es ist ja nicht mal so, dass ich das Gefühl habe, dass es etwas bewirkt, wenn ich da bin." Jürgen ist das Lachen schnell wieder vergangen, auch Manni lächelt nur noch, kann sich nicht entscheiden, ob er Suse oder meine Mutter anschauen soll dabei. Suse gluckert noch ein wenig, haut plötzlich ihre Flasche auf den Tisch und ruft „Schlimmer kann's nicht werden!" Meine Mutter zuckt zusammen und schaut sich ängstlich um.

„Es war schon viel schlimmer", schreit Jürgen und ich nehme einen Gesichtsausdruck zur Kenntnis, den ich an meinem Mann noch nicht kannte. So listig und enttäuscht zur gleichen Zeit. Eine Augenbraue hochgezogen, den Mund zu einem schiefen Lächeln verzerrt. „Im Jahnsportpark, wisst ihr noch? Als wir gegen den BFC …" „FC Berlin" brüllt jetzt Manni, „ja gut, dann eben FC Berlin, aber das Spiel, nee, nee, nee, wie der Mewes geweint hat." Das war gegen Union", brüllt Manni und Suse hat sich erhoben, steht wankend am Tisch, stützt beide Hände darauf, den Kopf zwischen die Kontrahenten schiebend. „Ma langsam, Männa. Union oder BFC?" „Union, BFC, FC Berlin ..." Bei dem Geschrei weiß keiner mehr, wer was sagt. Meine Mutter sitzt ganz blass an meiner Seite und gießt sich eines der trocken gebliebenen Biergläser voll Wein. Die drei Hitzköpfe schwenken ihre Flaschen. Suse kracht auf den Stuhl zurück.

„Jedenfalls hat der geheult, als alles vorbei war, Ende aus, Regionalliga Nordost." Jürgen. „Ich sach Union!" Manni. „Siegmund Mewes, was forn Kerl!" Suse. „Die Tränen liefen nur so runter, an dem Riesen." Jürgen. „Union." Manni. „BFC, also, also, FC Berlin. Schuhgröße 48." Jürgen. „Des war ville schlimmer!" Suse. „Dem war klar, jetzte sind wir wech, inner Versenkung verschwunden, so war's ja dann auch." Jürgen. „Isses doch immer noch, schlimmer kanns doch nich wern." Manni. „Kinder, ich geh dann mal rein, falls ihr noch etwas ..." Mutti. „Ewige Scheiße, ey, SV Maliendorf, Lichtenberger SC und wasweisich ..." Jürgen. „Türkyemspor. Und ich will ma ficken lamsam" Suse. „Oberneuland, TSV Havelse, Meuselwitz, och nich besser." Manni. „So Leute, das reicht. Ich hasse Maaagdeburg und ich hasse euren dämlichen Club." Ich.

Ich versuche, schnell und energisch aufzustehen. Unter dem Tisch finde ich mich wieder und kann von hier aus deutlich das Tattoo sehen, welches Suse anstelle eines Arschgeweihs über dem Steiß trägt, es sieht aus wie ein Stein, ein ganz normaler rechteckiger Backstein. Darüber steht in fetten hellblauen Lettern und leicht geschwungen „Meißel deine Liebe in Stein".

Spät nachts. Sofa. Wohnzimmer. Mein Kopf! Sonst auch alles da, sogar Geräusche kehren langsam wieder. Und die Erinnerung. Eine Nachtigall kreischt unangenehm hohe Töne zur offenen Tür herein. Irgendwo im Hintergrund höre ich eine säuselnde Stimme. Da spricht doch jemand! Ich krabble im Stockdunkeln auf allen vieren in Richtung Stimme, sie kommt aus dem Traditionskabinett. Unendlich langsam kann ich Schemen unterscheiden und biege um die Ecke in den dunkelgrün tapezierten Raum, den ich noch nie betreten habe. Jetzt ja auch nicht. Ich bekrieche ihn. Hinter meiner Stirn hämmert es. Mein Mann sitzt im Unterhemd in einem seiner komischen Ohrensessel, die er von seinem Vater geerbt hat.

Darin hat er zuletzt die Spiele im Radio verfolgt, das hat Jürgen so oft Manni erzählt, dass ich es bis in den Garten gehört hab. Auf der schmalen Liege, die Jürgen für seinen Nachmittags-Entspannungsschlaf benötigt und benutzt, liegt etwas. Es ist groß, unförmig und atmet schwer. Daneben steht ein Eimer, es riecht übel. Meine Mutter! Sie schläft. Jürgen hat mich nicht bemerkt, ich kann inzwischen einzelne Satzfetzen seines Gemurmels unterscheiden. „Das war dieee Chance. Mmmhmm. Die Zeit. Fenster ganz weit auf. Mhmmm. Xgdrnkfj. Marsch in die 2. Liga. Wir wären alle soo glücklich gewesen!“

Ich krieche rückwärts aus dem Raum und richte mich vor der Tür lautlos auf, schleiche durch die Küche ins Haus. Von oben aus dem Schlafzimmer höre ich eindeutige Geräusche. Aha. Da geht also die Post ab bei den Magdeburgern. Aber doch wohl nicht in unserem Bett? Und wo ist eigentlich mein Vater? Hinter mir weht Jürgens Stimme in die Küche, „Hätten sie gegen Essen. Mhdnxddmm. Wuppertal. So scheiße.“ Von oben singt plötzlich ein etwas schiefes Duo aus vollem Hals, nein, es sind drei Stimmen! Irgendwas mit Rocherdaaam und Pokoool. In meinem Rücken schluchzt Jürgen laut auf. „So schön. Mfxdgm. Der Club.“

Auswärtsspiel im Tal der Tränen
(Von Uli Hannemann)

Zunächst ist alles wie bei jedem ganz normalen Auswärtsspiel. Die meisten Schlachtenbummler sprechen schon früh dem Bier zu und stimmen ihre Gesänge an („Zwietracht Binsenheim, schalalalala"), um schließlich doch einen Großteil der langen Anfahrt in den bequemen Schlafsitzen zu verdösen. Wir überqueren die Zonengrenze Richtung Osten, was man längst nur noch daran erkennt, dass die Landschaft blühender wird und vor allem leerer. Drei Stunden später erreichen wir Riesenbeul an der Träne, die Heimat unseres heutigen Gegners. Die Schlafenden erwachen, eine gewisse Spannung macht sich breit. Die Stadt wirkt wie ausgestorben. Beunruhigt registriere ich jedoch, wie sich hier ein Gullideckel, dort der Deckel einer Mülltonne anhebt, und noch weiter dort rotglühende Augenpaare durch die Bretterritzen der zahlreich zugenagelten Fensterhöhlen spähen.

„Da sind die Westschweine", ertönt plötzlich ein heiserer Schrei. Erst ist es nur einer, dann mehrere, die schnell zu einem vielköpfigen Chor belfernder Hyänen anschwellen. „Westschweine! Fangt sie! Tötet sie!" Das Geheul ist eindeutig: Die mögen uns nicht. Gleich darauf hebt ein wildes Stampfen, Rasseln und Klirren an. Gehetzt blicke ich mich um, und was ich sehe, lässt mir das Blut in den Adern gerinnen: Die wilde Jagd ist hinter uns her.

Etwa tausend Bösewichter, teils mit den traditionellen Holzzipfelmützen der Region Tränental vermummt, teils aber auch in den schwarz-rosa Vereinsfarben des gastgebenden KSK (Kolchosensportklub) Reaktor Riesenbeul, rennen von allen Seiten auf uns zu. Sie sind mit Sensen, Dreschflegeln, Hämmern und Zirkeln bewaffnet. Über dem Mob wehen Reichskriegsflaggen im eiskalten Ostwind. Wir glauben uns im falschen Film, einem Horrorstreifen irgendwo zwischen „Mad Max", „Herr der Ringe" und „Der Untergang".

„Schnell, die Luke zu!", brüllt einer von unten und reißt mich aus der Panikstarre. Gerade noch rechtzeitig, denn kaum habe ich die schwere Stahlklappe mit lautem Knall zugezogen, kracht es direkt dahinter, und durch das Sichtfenster flackert der helle Schein eines zerborstenen Mollies ins Innere des vom Fanprojekt angemieteten Transportpanzers. Mit normalen Bussen fahren wir schon lang nicht mehr zu Auswärtsspielen in den Osten. Das wäre glatter Selbstmord.

Der Fahrer lässt den Motor aufheulen. Zügig Fahrt aufnehmend durchqueren wir die Altstadt von Riesenbeul, ein wirres Ensemble aus abgeranzten Plattenbauten, dessen Zentrum eine gigantische Plaste von Stalins Mutter bildet, zu deren Füßen frische Distel- und Brennnesselsträuße liegen. Neben mir kritzelt Herr Molf hektisch wie ein Stenograf: Der offizielle Fanbeauftragte führt eine Strichliste für jeden Brandsatz, der an der Panzerung des Fanmobils zerschellt, um sie am Folgetag im Rahmen der üblichen Beschwerde beim DFB einzureichen.

Obwohl wir mittlerweile an die vierzig Sachen draufhaben, gelingt es noch immer einigen der Angreifer, sich unter lautem Gebrüll von außen an das Fahrzeug zu klammern und es über und über einzukoten. Von weitem muss das ganze wirken wie ein fahrender Vogelfelsen mitten im grauen Nordatlantik. Erst als wir die Rundumscheibenwischer einschalten, fällt einer nach dem anderen mit hässlichem Kreischen herunter.

Der erste Ansturm scheint überstanden, und die Mutigeren nehmen schüchtern das Biertrinken und Grölen wieder auf. Vorsichtshalber haben wir uns alle in Schwarz-Rosa geworfen. Denn zwar vermögen die Riesenbeuler mit ihren hochsensiblen Rüsseln nicht nur auf große Entfernungen hin Aas, sondern auch innerhalb weniger Sekunden die Anhänger eines Westvereins zu erschnuppern, doch exakt die durch die Mimikri gewonnenen Sekunden können diesen zur Flucht oder wenigstens zu einem vergleichsweise raschen und gnädigen Suizid verhelfen.

Gegenzuhalten wäre jedenfalls zwecklos. Ein paar mitfahrende Hooligans der Kategorie C, die hier wohl was lernen wollten, haben ihre Nervenstärke offensichtlich überschätzt: Rastlos lassen die als Nonnen verkleideten Möchtegernhauer ihre Rosenkränze durch die zittrigen Finger gleiten und winseln Unzusammenhängendes, dem ich nur die Worte „Mama“, „Nie wieder“, „Gott“ und „Nach Hause“ entnehmen kann.

In der Ferne taucht nun endlich die altehrwürdige Thor-Ulbricht-Kampfbahn des KSK Reaktor auf. Wir parken den Panzer auf dem Gästeparkplatz. Im Eilschritt scheuchen uns die Sicherheitskräfte, die auch 20 Jahre nach der Wiedervereinigung noch stolz die graugrünen Uniformen der Volkspolizei tragen, ins Stadion. Dessen Aufteilung scheint relativ schlicht. Wir selber werden in den winzigen, von Wachtürmen umgebenen Gästeblock aus Geröll getrieben, durch dessen Mitte die offene Kanalisation von Riesenbeul verläuft. Links und rechts von uns erstrecken sich an den Längsseiten zwei zweckmäßige Tribünen aus Polybetonal, jeweils gefüllt mit fünftausend mordlustigen Reaktor-Hools, vor denen wir nur durch ein paar Gitterstäbe geschützt sind. Am entfernten Ende der Kampfbahn liegt schließlich der Bereich für hiesige Familien und Normalos. Er ist völlig leer.

Als uns die Einheimischen erblicken, bricht ein Hagel von Wurfgeschossen über uns herein: Pyrotechnik, Morgensterne, angespitzte Hakenkreuze, Katzenkadaver. Von den Wachtürmen herunter leert der Ordnungsdienst mit Urin gefüllte Fässer auf unsere Köpfe. Wir sind praktisch schutzlos, auch weil wir, angeblich um die Sicherheit für den Riesenbeuler Familienblock zu gewährleisten, sämtliche Kleidung und Schuhe am Eingang zurücklassen mussten. Wer sich darüber beschwerte, kam sofort nach Bautzen.

Die sehenswerten Choreografien der Heimfans entschädigen allerdings für einiges. Kurz vor Beginn des Spiels bilden sie auf der Gegentribüne durch das Hochhalten verschiedenfarbiger Papierbögen einen großen schwarzen Wolf, der ein kleines rosa Schweinchen frisst. Das Schweinchen trägt die größte denkbare Demütigung in diesem homophoben Milieu: Strapse in unseren Vereinsfarben.

Nackt, vollgepisst und aus vielen Wunden blutend warte ich auf den Anpfiff. Sogar meine Eintrittskarte haben sie kaputtgerissen. Dennoch bereue ich keinen Moment lang, hier zu sein. Der Besuch eines Auswärtsspiels ist immer eine großartige Gelegenheit eine fremde Stadt und ein neues Stadion kennenzulernen und sich mit den Fans anderer Vereine auszutauschen. Denn letztlich verbindet uns ja doch alle die Liebe zu ein und derselben Sache.

Das Quallen-Sex-Kommando

(Von Jörg Schieke)

Es gibt Städte, die gibt es noch heute. Stralsund ist so eine Stadt, einst eine Kreisstadt mit Bezirkshauptstadtflair, in den letzten 20 Jahren zurückgepommert um gute 20.000 Einwohner, aber dafür mit Zweit-Rügendamm und Original-Ozeaneum. Sowohl hier wie dort, unter der Brücke wie im Großaquarium, kämpfen Heringsschwärme gegen Quallenteppiche. Mit Quallen haben wir früher unsere Erdbeerbeete gedüngt, so haben wir es damals zumindest den Touristen erzählt, und auch gegen den Sonnenbrand helfe nichts besser als eine sanft auf der Haut zerschmelzende Qualle. Für unsere Fischer sei sie aber der Todfeind, denn der Ultraschall der Peilgeräte, mit denen die Fischer den Hering aufspüren, verfange sich in einem kilometerbreiten Teppich aus Quallen.

In Stralsund gab es viele gutgläubige Touristen, Ferienplatzergatterer zweiter Klasse, die es nicht ganz bis an die Ostsee, sondern nur bis zu uns an den Sund, an das Brackwasser, geschafft hatten. Ich spreche von den Vorwendejahren, in denen der örtliche Fußball-Verein, der heutige FC Pommern, die ASG Vorwärts Stralsund war. Die Matrosenelf, eine Mannschaft aus lauter NVA-Ehrendienst ableistenden Wehrpflichtigen. Maate und Stabsmatrosen sowie Obermaate und Staabsobermatrosen, die aber nach Stralsund, für wenigstens drei Jahre (Längerdienende also!), ausschließlich zum Fußballspielen gekommen waren. Sie spielten im oberen Drittel der DDR-Liga Staffel A, neben Mannschaften wie BSG KKW (Kernkraftwerk!) Greifswald, TSG Bau Rostock, Einheit Grevesmühlen, Rotes Banner Trinwillershagen (die Agrarfußballer aus dem hohen Norden) und, natürlich, neben dem gerade mal wieder zweitklassigen FC Hansa Rostock, dem eigentlichen Fußball-Leistungszentrum des Nordens.

Zweimal ist Vorwärts Stralsund aufgestiegen in die Oberliga und postwendend wieder abgestiegen. Am 30. November 1977 haben wir – ich sage jetzt ganz bewusst „wir" – im Viertelfinale des FDGB-Pokals die europapokalerfahrene Mannschaft des FC Carl Zeiss Jena im Achtelfinale aus dem FDGB-Pokalwettbewerb geworfen. Nachdem die Stralsunder, mit astreinem Matrosen-Kasernen-Konter-Überfallfußball, in Jena 2:1 gewonnen hatten, verloren sie das Rückspiel zuhause zwar mit 0:1, waren in der Gesamtwertung aber eine Runde weiter. In Jena spielte zu der Zeit die halbe DDR-Nationalmannschaft. Da waren Leute wie Weise, Lindemann, Kurbjuweit, Schnuphase, Grapenthin oder Vogel. Hervorragende Fußballer, aber wie alle Sachsen, Berliner und Thüringer betonten sie Stralsund auf der zweiten Silbe, und nicht, wie es richtig ist, auf der ersten – und das mögen wir in Stralsund überhaupt nicht.

Siege wie den gegen Jena und überhaupt jenen Fußball, der zu dieser Zeit in Stralsund gespielt wurde, versteht man nur, wenn man die Stralsunder Menschen etwas näher kennt. Die meisten von ihnen arbeiteten in der Stralsunder Volkswerft und gingen im Sommer zum Schwimmen ins Freibad oder in die Badeanstalt und schickten ihre halbwüchsigen Kinder zur Disko in den sogenannten „Schuppen". Im Winter ins Meereskunde-Museum, auch das eigentlich mehr für die Sachsen errichtet, aber naja, die Winter in Stralsund waren lang. Winter, in denen ich am Wochenende zu einem Spiel wie Vorwärts Stralsund gegen TSG Wismar ging, und danach, wenn der Wind günstig stand, bei NDR 2 den neuesten Hit von den Smokies oder den ABBAs aufnahm. Tatsächlich, wir sagten „die Smokies" und „die ABBAs", obwohl diese Bands eindeutig nur „Smokie" und „ABBA" hießen. Aber so war, aus der Ferne betrachtet, etwa aus dem Stralsunder „Stadion der Freundschaft", der Westen: Vorn ein Artikel dran und hinten zur Sicherheit noch ein „s", ein Mehrzahl-S.

8.000 Menschen arbeiteten in der Stralsunder Volkswerft und schweißten dort Supertrawler zusammen, sogenannte schwimmende Fischfabriken, die den Nutzfisch tropffrisch und noch an Bord des Supertrawlers zu gefriertruhentauglichen Fischstäbchen zerlegten und wieder zusammenpressten. Waren die Supertrawler nur für den Export – oder waren sie für die eigene Fischereiflotte, die in den Hoheitsgewässern der DDR dem Hering und dem Kabeljau nachstellte? Aber wo genau waren sie denn, die Hoheitsgewässer der DDR?

Vor Stralsund jedenfalls, auf dem Strelasund, kreuzten die in Stralsund gebauten Schiffe nie auf. Ich kannte einen Mann von der Volkswerft, Herrn Sievers, der zehn Jahre lang zu jedem Heimspiel von Vorwärts Stralsund gegangen war, und als der Spieler Bernd Wunderlich von Vorwärts Stralsund zum zentralen Armeeklub nach Frankfurt wechselte, sagte Herr Sievers: „Den Wunderlich, den haben die, den haben die doch … aber was soll's, ich versau mir wegen dem nicht meine Kaderakte.“ Herr Sievers ging also auch weiterhin ins Stadion der Freundschaft zu Vorwärts Stralsund, er war ein Mann des leisen Protests, und in der Woche bewachte er als Werkschutzmann die Stralsunder Volkswerft. An manchen Tagen, wenn sich die Arbeiter vor dem schmalen Personalausgang stauten, öffnete Herr Sievers das große, eigentlich nur für die LKWs bestimmte Tor, und dann konnten die Schweißer und Dreher und Schiffbaumonteure in breiter Front Schulter an Schulter durchs Tor hinauslaufen und waren eine Viertelstunde früher zuhause als sonst.

Weiter oben sage ich „wir“, weil ich selbst drei Jahre lang in der Schüler- bzw. Jugendmannschaft von Vorwärts Stralsund gespielt habe. Ich sehe mich, bei typischem 1970er-Jahre-Nieselregen, auf dem Ascheplatz Torschuss und Ballannahme üben und danach in der Kantine eine rote Brause („Bonbonwasser“) trinken. Nach uns trainierte die Erste Männer, Schönig und Ruppach und Kaschke und Kögler und Graap – typische norddeutsche 70-er-Jahre-Nachnamen. Wenn man denen beim Training zusah, hatte man manchmal den Eindruck, dass die das Ganze weit weniger ernst nahmen als wir, die Spieler von der 1. Schüler-Mannschaft. Und nach dem Training haben die von der Ersten Männer in der Kantine sogar Schnaps gesoffen. Sie wussten wohl, dass sie für die zweithöchste, die DDR-Liga, ein bisschen zu gut und für die höchste, die Ober-Liga, ein bisschen zu schlecht waren. Die haben im Training und auch im Punktspiel manchmal mit Absicht übers Tor geschossen, jawollja, die haben – und das wird mir erst jetzt, Jahre später klar – die haben auf irgendwie ironische Art und Weise, nach der „Witz komm raus, du bist umzingelt“-Methode haben die Fußball gespielt. Die wollten nämlich gar nicht mehr aufsteigen in die Oberliga, die wussten ja, dass sie gleich wieder absteigen würden. Gemeinhin wird angenommen, dass der Mensch in der DDR vielleicht ironischen Sex praktizierte – dafür aber auf dem Gebiet des Sports immer bitterster Ernst geherrscht habe. Wie sich nun am Beispiel von Vorwärts Stralsund herausstellt, war es an manchen Orten genau anders herum.

Der Clubgeist

(Von Anne Hahn)

Fußball spielte ich nur einen Sommer lang. Mein erster Verehrer und Klassenkamerad Marcus tänzelte mit einem Ball auf der Betonfläche vor dem elterlichen Neubaublock. Mitunter schaffte er es, mich für Pässe und Flanken zu erwärmen, welche er sogleich heftig konterte. Die damit verbundenen Stürze sorgten dafür, dass ich nach wenigen Wochen Marcus und dem Freiflächenfußball den Rücken zuwandte. Ich vertraute auf mein Schmerzempfinden und ließ die verschorften Knie abheilen. Radfahren im Stadtpark mit Nico war romantischer.

In meiner Heimatstadt war ich nie beim Fußball. Die besten Zeiten des Clubs, als der 1. FC Magdeburg 1974 den Pokal der Pokalsieger gegen Mailand holte und unsere ganze Stadt feierte, liegen im Nebel meiner Kindheit. Mitte der 1980er Jahre erwischte mich der Punk. Wir waren nur ein paar Dutzend in der Stadt, die aus dem System fielen – Schulversager, Bohemiens, Ausreisewillige, Ex-Knackis, Marktverkäufer. Wir tranken, träumten, tanzten – und hatten Ärger. Ich lernte Pokern sowie Siebzehn und Vier – und ich mein Talent für die Geisterbeschwörung. Auf den Fahrten zu Punkkonzerten in Erfurt oder Ost-Berlin sangen meine Freunde von Paule Seguin und dem „Pokoooal“. Von Auswärtsspielen des 1. FCM kamen sie mit geklautem Schnaps und ausgeschlagenen Zähnen zurück.

Ende der Achtziger spielte der Club nur noch Mittelmaß. Eines Tages beschlossen meine Freunde, rauszukriegen, was da schief lief beim Bötelkicken. Vier Blauweiß-Schalträger luden zur Beschwörung des Clubgeistes. Wir nahmen an einem runden Holztisch Platz, eine brennende Kerze wurde außerhalb eines Kreises aus alphabetisch geordneten Buchstaben und der Zahlenreihe von eins bis zehn aufgestellt, ein umgestülptes Glas wurde in die Mitte postiert. Rechts und links des Glases lagen, auf Zetteln notiert, ein JA, ein NEIN und darunter ein Fragezeichen.

Es konnte losgehen, ich durfte letztlich nur deshalb mittun, weil ich als Medium bekannt war und schon viele besinnliche Gespräche mit Geistern erwirkt hatte. Dieses sollte das seltsamste werden. Schon beim Intro „Clubgeist des 1. FCM, wir rufen dich! Willst du mit uns reden?“, das wir reihum skandierten, brach Gelächter aus.

Wir kicherten und grinsten, bis Heiko, der fanatischste unter den Clubfans, uns anbrüllte, sofort die Schnauzen zu halten. Das wirkte. Das Glas bewegte sich ruckartig und wir konnten die Befragung beginnen. Heiko wollte auf Nummer sicher gehen.

„Bist du der Clubgeist?“ „Ja“, schrieb das Glas. „Vom 1. FCM?“ „Ja.“ Heikos Hand begann zu zittern, Schweiß perlte auf seiner Stirn. Einen Moment lang schien ihm keine Frage einzufallen. Demut stand in sein Gesicht geschrieben. „Kannst du mir die Ergebnisse der nächsten Saison sagen?“ „Ja.“ Mir wurde langweilig. Die anderen waren nun auch bierernst geworden und starrten auf das Glas. Butze schrie grad begeistert: „Los, Alter, sag an!“ Und tatsächlich schrieb, besser gesagt rutschte das Glas auf der anderen Tischseite vor den Zahlen herum, wurde hektisch. Immer wieder blieb es beim Gleiten an winzigen Widerständen hängen, so schnell wollte es Zahlenkombinationen zappen. 1:5, 0:7, 0:10 – ich verstand gar nichts mehr. Kurz hatte ich Heiko im Verdacht, dem Ergebnis durch Schiebung nachhelfen zu wollen. Aber der brach nach einiger Zeit in ein so echt klingendes Wehklagen aus, dass ich den Gedanken verwarf. Heiko heulte fast und schrieb die Zahlen in eine selbst gemalte Tabelle, hinter jede Kombination kritzelte er Begriffe wie Rotation, Lok, Chemie und anderes mir Unerklärliches.

Die anderen Freunde schauten nun doch etwas skeptisch. Butze grinste mich an und zuckte die Schultern. Der Clubgeist beantwortete diszipliniert alle Nachfragen. Irgendwann war Schluss mit den Zahlen. Heiko jaulte: „Hast du noch einen Wunsch, Clubgeist?“ „Ja.“ Wir strafften uns augenblicklich. Heiko, nunmehr schweißgebadet, lag fast auf dem Tisch. Er hauchte das Glas an. „Was?“ „F“. In zügigem Schwung tanzte der Clubgeist im Glase an der Buchstabenreihe vorbei. Wahrscheinlich war er froh, von den Zahlen wegzukommen. „I“. Soweit konnten alle folgen. „C“. Was das wohl für ein Wunsch werden sollte? „K E N“!

Einigen von uns platzte gleich das Lachen raus, Heiko schrieb mit gerunzelter Stirn weiter. Später erfuhr ich, dass die Ergebnisse der kommenden Saison noch schlechter ausgefallen waren, als die vorhergesagten. Der Clubgeist hatte irgendetwas falsch verstanden und ließ sich ein Vierteljahrhundert lang nicht mehr sehen und hören.

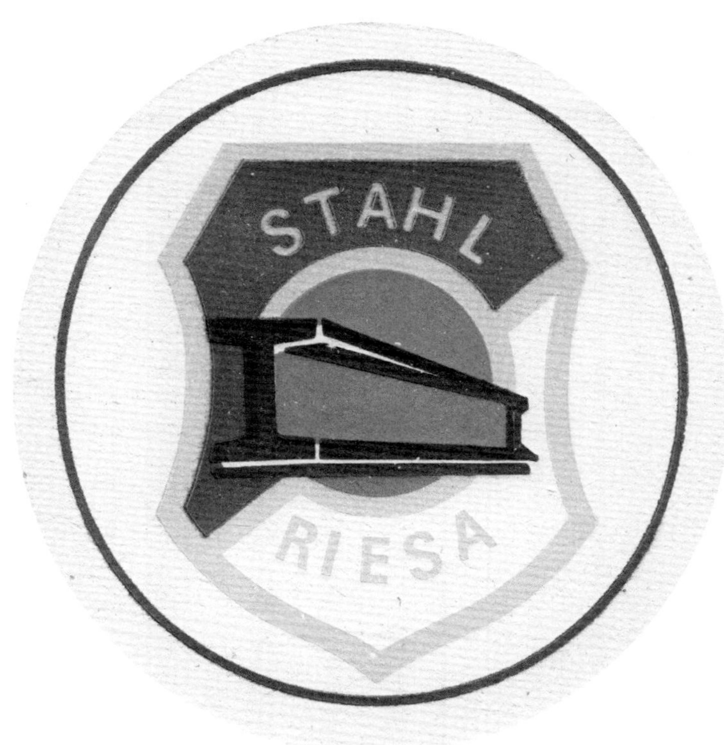

Bierdeckel von Stahl Riesa

Die besondere Statistik

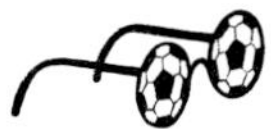

Viele Statistiken, vor allem Fußballstatistiken, sind eigentlich absurd. Dass z. B. von 100 DDR-Mannschaften 77 blaue Hosen und 69 rote Hemden trugen, erzählt (abgesehen von der Manie des Statistikers) nichts weiter als: Die Sportgemeinschaften in der DDR trugen gerne blaue Hosen und rote Hemden. Und auch die Information, dass Wolfram Löwe am 30. Oktober 1976 zehn Sekunden nach Anpfiff der Partie zwischen Lok Leipzig und Dynamo Dresden das schnellste Tor der Oberliga-Geschichte schoss, ist von geringem Nutzen. Noch absurder wird es, wenn man aus Statistiken Schlüsse zu ziehen versucht, die so nicht gezogen werden können – weil die Zahlen oder Ergebnisse, die ihnen zugrunde liegen, praktisch nicht miteinander zu vergleichen sind. Auch, wenn es so scheint.

Geht man etwa davon aus, dass die Länderspielergebnisse der DDR-Nationalelf etwas besagen über die Stärke ihrer damaligen Gegner und das Kräfteverhältnis der jeweiligen Fußballnationen untereinander, entsteht ein kurioses Bild: Die DDR erreichte – bei mindestens drei Vergleichen – eine positive Länderspielbilanz u. a. gegen Spanien und Frankreich (interessant übrigens, dass die DDR zwei ihrer drei Siege in der Zeit errang, als die Franzosen amtierender Europameister waren, gegen eine Mannschaft mit Stars wie Platini, Giresse, Tigana), eine ausgeglichene Bilanz gegen Irak und Italien, eine negative gegen Marokko und die damals keineswegs übermächtige Türkei. Die Marokkaner und Türken also stärker als Spanier, Italiener und Franzosen, die Iraker den Italienern gleichwertig? Die seltsamen, mitunter wenig konstanten Auftritte des ostdeutschen Ensembles machen eine solche Deutung möglich: in der Statistik.

Die erste Oberligasaison 1949/50

1. ZSG Horch Zwickau	26	20	1	5	69:27	41
2. SG Dresden-Friedrichstadt	26	18	3	5	87:29	39
3. Waggonbau Dessau	26	17	3	6	67:36	37
4. KWU Erfurt	26	15	5	6	58:30	35
5. ZSG Union Halle	26	13	5	8	56:38	31
6. Franz Mehring Marga	26	13	5	8	49:48	31
7. Märk. Volksstimme Babelsberg	26	10	4	12	42:66	24
8. ZSG Industrie Leipzig	26	8	6	12	38:45	22
9. Einheit Meerane	26	9	3	14	38:56	21
10. Hans Wendler Stendal	26	7	5	14	31:45	19
11. BSG Gera-Süd	26	6	7	13	34:54	19
12. ZSG Altenburg	26	6	5	15	34:50	17
13. Anker Wismar	26	6	5	15	35:60	17
14. Vorwärts Schwerin	26	4	3	19	30:84	11

Entscheidungsspiel um den Klassenerhalt:
ZSG Altenburg – Anker Wismar 3:2

Die letzte Oberligasaison 1990/91

1. FC Hansa Rostock	26	13	9	4	44:25	35
2. 1. FC Dynamo Dresden (M,P)	26	12	8	6	48:28	32
3. FC Rot-Weiß Erfurt	26	11	9	6	30:26	31
4. HFC Chemie	26	10	9	7	40:31	29
5. Chemnitzer FC	26	9	11	6	24:23	29
6. FC Carl Zeiss Jena	26	12	4	10	41:36	28
7. 1. FC Lok Leipzig	26	10	8	8	37:33	28
8. BSV Stahl Brandenburg	26	9	9	8	34:31	27
9. Eisenhüttenstädter FC Stahl	26	7	12	7	29:25	26
10. 1. FC Magdeburg	26	9	8	9	34:32	26
11. FC Berlin	26	7	8	11	25:39	22
12. FC Sachsen Leipzig (N)	26	6	10	10	23:38	22
13. FC Energie Cottbus	26	3	10	13	21:38	16
14. FC Victoria 91 Frankfurt (N)	26	4	5	17	29:54	13

In den 1950er Jahren wollte die DDR von der Sowjetunion nicht nur das „Siegen“ lernen, sie glaubte auch, den Saisonbetrieb der Fußballer auf den sowjetischen Frühjahr-Herbst-Rhythmus umstellen zu müssen. Deshalb wurde Ende 1955 eine Übergangsrunde nötig, eine Halbsaison ohne Rückspiele, sportlich wertlos, denn es gab keinen Meister, keine Absteiger. Empor Rostock und Dynamo Berlin (Zweiter und Dritter der Übergangsrunde) stiegen im darauffolgenden Jahr, als es wieder um etwas ging, in die Liga ab.

1.	SC Wismut Karl- Marx-Stadt (P)	13	8	4	1	30:13	20
2.	SC Empor Rostock	13	8	3	2	25:13	19
3.	SC Dynamo Berlin	13	8	2	3	35:12	18
4.	Motor Zwickau	13	7	3	3	36:21	17
5.	Rotation Babelsberg	13	6	3	4	29:24	15
6.	SC Lok Leipzig	13	6	2	5	21:17	14
7.	SC Fortschritt Weißenfels (N)	13	5	3	5	19:20	13
8.	SC Turbine Erfurt (M)	13	5	3	5	16:18	13
9.	Lok Stendal (N)	13	5	1	7	16:31	11
10.	ASK Vorwärts Berlin	13	4	2	7	26:28	10
11.	SC Rotation Leipzig	13	4	2	7	16:27	10
12.	SC Einheit Dresden	13	3	2	8	21:24	8
13.	SC Aktivist Brieske-Senftenberg	13	4	0	9	17:33	8
14.	Chemie Karl-Marx-Stadt	13	2	2	9	16:42	6

	Saison						
Motor Suhl	1984/85	26	1	3	22	16:92	5
Wismut Gera	1977/78	26	1	4	21	17:75	6
VfB Pankow	1950/51	34	2	3	29	29:131	7
Fortschritt Weißenfels	1960	26	0	8	18	27:69	8
Sachsenring Zwickau	1982/83	26	2	5	19	21:64	9
Energie Cottbus	1973/74	26	1	8	17	16:58	10
Chemie Buna Schkopau	1981/82	26	3	5	18	21:77	11
Vorwärts Schwerin	1949/50	26	4	3	19	30:84	11
Energie Cottbus	1981/82	26	3	5	18	21:62	11
HFC Chemie	1983/84	26	1	9	16	32:68	11

Die fleißigsten Auf- und Absteiger der Oberliga

Die „Fahrstuhlmannschaft" der ersten Stunde war Lok Stendal, die einen Takt vorgab, der später nie wieder erreicht werden sollte: 1957 fing die Elf mit Absteigen an, nach 1968 stieg sie nie wieder auf. Der FC Sachsen Leipzig hingegen, Fusionsprodukt zweier Fahrstuhlmannschaften (Chemie Leipzig und Chemie Böhlen), kann stolz sein auf das gemeinschaftlich erwirtschaftete Erbe von acht Aufstiegen und acht Abstiegen.

	Auf	Ab
1. FC Union Berlin	5	6
Chemie Leipzig	5	5
FC Hansa Rostock	5	5
HFC Chemie	5	5
Lok Stendal	4	5
Energie Cottbus	5	4
Stahl Riesa	4	4
FC Rot-Weiß Erfurt	4	4

Die höchsten Niederlagen in der Oberliga

		OL-Saison
SG Dresden-Friedrichstadt – Anker Wismar	11:0	1949/50
Märkische Volksstimme Babelsberg – SG Dresden-Friedrichstadt	2:12	1949/50
Waggonbau Dessau – Vorwärts Schwerin	10:0	1949/50
BFC Dynamo – Sachsenring Zwickau	10:0	1978/79
BFC Dynamo – Chemie Böhlen	10:0	1979/80
Dynamo Dresden – Chemie Buna Schkopau	10:1	1981/82
Rotation Babelsberg – VfB Pankow	9:0	1950/51
Einheit Pankow – Motor Dessau	0:9	1951/52
Rotation Dresden – Motor Gera	9:0	1951/52
ASK Vorwärts Berlin – Motor Zwickau	9:0	1957
1. FC Magdeburg – Sachsenring Zwickau	9:0	1982/83
BFC Dynamo – Stahl Riesa	9:0	1984/85

Die torreichsten Oberligaspiele

		OL-Saison
Märkische Volksstimme Babelsberg – SG Dresden-Friedrichstadt	2:12	1949/50
Chemie Böhlen – BFC Dynamo	3:10	1978/79
1. FC Magdeburg – Chemie Böhlen	10:2	1978/79
SG Dresden-Friedrichstadt – Anker Wismar	11:0	1949/50
Dynamo Dresden – Chemie Buna Schkopau	10:1	1981/82
Rotation Dresden – Wismut Gera	9:2	1952/53
Chemie Böhlen – BFC Dynamo	2:9	1982/83
HFC Chemie – BFC Dynamo	3:8	1971/72
Dynamo Dresden – Motor Suhl	8:3	1984/85

Die höchsten Niederlagen des VfB Pankow 1950/51

Trotzdem der VfB Pankow in der Oberligasaison 1950/51 eine nie wieder überbotene Pleitenserie hinlegte und mit sieben Punkten, zwei Siegen und stolzen 29 Niederlagen auf dem letzten Platz landete, stieg er nicht ab. Die Begründung der DDR-Sportführung: Pankow, das Berliner Regierungsviertel, habe „einen politischen Anspruch auf einen Oberligaplatz".

Rotation Babelsberg – VfB Pankow	9:0
VP Dresden – VfB Pankow	8:1
Turbine Halle – VfB Pankow	8:1
Lok Stendal – VfB Pankow	8:1
Fortschritt Meerane – VfB Pankow	7:0
Union Oberschöneweide – VfB Pankow	7:0
Motor Zwickau – VfB Pankow	6:0
VfB Pankow – Turbine Erfurt	0:5
VfB Pankow – Rotation Babelsberg	2:6
VfB Pankow – Sachsenverlag Dresden	1:5
Stahl Altenburg – VfB Pankow	5:1
VfB Pankow – VP Dresden	0:4
Chemie Leipzig – VfB Pankow	4:0

Die Fußball-„Dörfer" der Oberliga

	Einwohner
Brieske (Franz Mehring Marga / Aktivist Brieske-Ost)	3.500
Schkopau (Chemie Buna Schkopau)	6.000
Böhlen (Chemie Böhlen)	6.500
Lauter (Empor Lauter)	7.500
Steinach (Motor Steinach)	8.000

Allgemein bekannt sein dürfte der Oberliga-Zuschauerrekord, gleichzeitig gesamtdeutscher Punktspielrekord, aufgestellt am 8. September 1956 in Leipzig beim Derby zwischen Rotation und Lok, als sich 100.000 Fußballanhänger im Zentralstadion drängten. Es war jedoch gar nicht so selten, dass die ostdeutschen Elitekicker vor spärlich besetzten Rängen antreten mussten. In der letzten Oberligasaison 1990/91 wurde die Ausnahme beinahe zur Regel: Lediglich 4.779 Zuschauer kamen durchschnittlich zu den Spielen – Minusrekord in der Geschichte der Liga. Von den acht Partien mit den wenigsten Zuschauern wurden allein sechs in dieser einen Saison ausgetragen.

17.03.1963 in Brieske	SC Aktivist Brieske-Senftenberg – SC Aufbau Magdeburg	300 Zuschauer
01.04.1964 in Berlin	ASK Vorwärts Berlin – Wismut Aue	500 Zuschauer
19.03.1991 in Berlin	FC Berlin – FC Rot-Weiß Erfurt	565 Zuschauer
01.12.1990 in Berlin	FC Berlin – FC Victoria 91 Frankfurt	676 Zuschauer
27.04.1991 in Frankfurt	FC Victoria 91 Frankfurt – 1. FC Lok Leipzig	700 Zuschauer
25.05.1991 in Frankfurt	FC Victoria 91 Frankfurt – FC Berlin	700 Zuschauer
11.05.1991 in Frankfurt	FC Victoria 91 Frankfurt – FC Carl Zeiss Jena	750 Zuschauer
28.09.1990 in Berlin	FC Berlin – 1. FC Lok Leipzig	753 Zuschauer
17.03.1951 in Berlin	VfB Pankow – Turbine Weimar	800 Zuschauer
28.08.1960 in Brieske	SC Aktivist Brieske-Senftenberg – SC Dynamo Berlin	800 Zuschauer
02.10.1960 in Brieske	SC Aktivist Brieske-Senftenberg – SC Rotation Leipzig	800 Zuschauer

Straße der besten DDR-Vereinsnamen

1. Aktivist Schwarze Pumpe
2. Isolation Neuhaus-Schierschnitz
3. Konsum Waren
4. Rotes Banner Trinwillershagen
5. Qualität Guben
6. Veritas Wittenberge
7. X. Deutscher Bauernkongreß Prohn
8. Vorwärts Drögeheide
9. Grubenlampe Zwickau
10. Chemie Rübeland
11. Stahl Fackel Mosel
12. Frieden Schlemmin
13. Sturmvogel Parow
14. Plattenbrüche Theuma
15. Motor Diamant Karl-Marx-Stadt
16. Goldfisch Oberlungwitz
17. Aufbau Klosterfelde
18. Vorwärts Traktor Viereck
19. Flügelrad Salzwedel
20. Einheit Berliner Bär

Weit mehr als 3.000 Spieler kamen von 1949 bis 1991 in der Oberliga zum Einsatz. Auf der Suche nach *dem* typischen Namen der Balltreter von damals wurden verschiedene Statistiken konsultiert, die – beinahe zwangsläufig angesichts der Menge der Spieler und ihrer Daten – nicht ganz zuverlässig sind. Alle Zahlenangaben können deshalb nur als Näherungswerte betrachtet werden. Das Ergebnis ist jedoch eindeutig: Nein, nicht Jürgen Sparwasser, Hugo Goethe, Fritz Kuckuck oder Hartwig Zukunft hieß er, „der Oberligaspieler an sich", sondern – wenig überraschend – Müller, Heinz Müller. Insgesamt 118 Kicker hießen Heinz, 40 hörten auf den Namen Müller. Abgeschlagen folgten Wolfgang und Werner (je 97) und Schmidt (28). Allerdings gab es seinerzeit keinen einzigen Spieler, der tatsächlich Heinz Müller, also gleichzeitig Heinz und Müller hieß. Im Gegensatz zu Wolfgang Schmidt und Hans Meyer, von denen immerhin je drei in der Oberliga aktiv waren, unübertroffen unter den Spielern mit komplett identischem Namen.

Eigentore

Insgesamt 402-mal schossen Oberligaspieler den Ball ins eigene Netz. Der ewige Oberliga-Rekord liegt bei 22 Eigentoren pro Spielzeit und wurde 1950/51 erreicht. Das letzte Eigentor in der höchsten Spielklasse erzielte Jens Härtel vom FC Sachsen Leipzig am 25. Spieltag der Saison 1990/91. Die DDR-Nationalspieler verwechselten lediglich viermal das eigene Gehäuse mit dem des Gegners. Ein Eigentor im doppelten Sinne fabrizierte Hansa-Kicker Jens Wahl in seinem ersten Länderspiel am 8. März 1989 gegen Griechenland: In der 29. Minute traf er zum 0:2, er wurde zur Halbzeit ausgewechselt, die Partie ging mit 2:3 verloren. Es blieb Wahls einziges Spiel im Nationaltrikot. Tragisch, weil es ihm weitaus namhaftere Kollegen, um nicht zu sagen Kultfiguren des DDR-Fußballs, vorgemacht hatten: Gerd Kische (63 Länderspiele), Dixie Dörner (100) und Torwart René Müller (46). Nur eben nicht in ihrem ersten Spiel.

Das erste Länderspiel der DDR-Nationalelf

21. September 1952 in Warschau
Polen – DDR 3:0 (0:0)
Polen: Szymkowiak – Gedlek, Bainisz – Strzykalski, Bartyla, Mamon – Mordowski, Tampicz, Alszer, Cieslik, Wiesniewski. – Einwechslung: Aniola
DDR: Klank – Wohlfahrt, Eilitz – Scherbaum, Schoen, Rosbigalle – Thorbauer, Schröter, Imhof, Fröhlich, Matzen. – Einwechslung: Meier
Tore: 1:0 Tampicz (70.), 2:0, 3:0 Aniola (80., 84.)
Zuschauer: 35.000 im Stadion der polnischen Armee

Das letzte Länderspiel der DDR-Nationalelf

12. September 1990 in Brüssel
Belgien – DDR 0:2 (0:0)
Belgien: Preud'homme – Staelens, Demol, Plovie – de Wolf, Broeckaert, Scifo, van der Elst – Versavel, Vandenbergh, Ceulemans. – Einwechslungen: Albert, De Gryse, Boffin, Wilmots
DDR: Schmidt – Peschke, Wagenhaus, Schößler – Schwanke, Stübner, Sammer, Bonan – Scholz, Wosz, Rösler. – Einwechslungen: Adler, Böger, Kracht.
Tore: 0:1, 0:2 Sammer (74., 89.)
Zuschauer: 10.000 im Heysel-Stadion

Der höchste Sieg der DDR-Nationalelf

12. Januar 1964 in Colombo
Sri Lanka – DDR 1:12 (0:6)
Sri Lanka: Peiris – Tillarkarative, Rodrigo – Rupazinghe, Ossen, Ramazinghe – Dabre, Nicholas, Walles, Weiorka, Hussain.
DDR: Heinsch – Urbanczyk, Unger, Seehaus – Pankau, Körner – Barthels, Kleiminger, Backhaus (46. Fräßdorf), Nöldner, Stöcker.
Tore: 0:1 Kleiminger (1.), 0:2 Barthels (3.), 0:3 Stöcker (26.), 0:4 Nöldner (37.), 0:5 Kleiminger (40.), 0:6 Backhaus (42.), 0:7 Stöcker (47.), 0:8 Barthels (61.), 0:9 Kleiminger (62.), 1:9 Walles (70.), 1:10 Fräßdorf (79.), 1:11 Kleiminger (88.), 1:12 Stöcker (89.)
Zuschauer: 28.000 im Sugathadasa-Stadion

Die peinlichste Niederlage der DDR-Nationalelf

Das Spiel fand nur gut einen Monat nach dem 12:1-Sieg gegen Sri Lanka statt, mit acht Kickern, die auch schon in Colombo auf dem Platz gestanden hatten.

23. Februar 1964 in Accra
Ghana – DDR 3:0 (2:0)
Ghana: Dodoo Ankrah – Crentsil, Anum – Ben Simmons, Addo Odamety, Aggrey Finn – Adarkwa, Gyau, Mfum, Acquah, Salisu.
DDR: Heinsch (46. Fritzsche, 58. Heinsch) – Urbanczyk, Heine, Krampe – Kaiser (46. Pankau), Körner (46. Seehaus) – Stöcker, Erler (46. Fräßdorf), P. Ducke, Liebrecht (46. Kleiminger), R. Ducke (65. Vogel).
Tore: 1:0, 2:0 Mfum (30., 36.), 3:0 Aggrey Finn (71.)
Zuschauer: 30.000 im Accra Sports Stadium

Der einzige Länderspielauftritt der DDR-Fußballerinnen

9. Mai 1990 in Potsdam-Babelsberg
DDR – CSFR 0:3 (0:1)
DDR: Viertel (Rotation Schlema) – Hecker (Rotation Schlema) – Weschenfelder (Universität Jena) (70. Vater (Universität Jena)), Hoffmann (Turbine Potsdam), Lange (Post Rostock) – Weiß (Wismut Karl-Marx-Stadt) (46. Ulmer (Rotation Schlema)), Prühs (Post Rostock), Brüdgam (Turbine Potsdam) – Baaske (Post Rostock) (60. Berger (Turbine Potsdam)), Krumbiegel (Wismut Karl-Marx-Stadt), Meier (Post Rostock). – Trainer: Schröder/Männel
Tore: 0:1 Bulirova (22. Foulstrafstoß), 0:2 Palettiova (65.), 0:3 Hütterova (71.)
Zuschauer: 800 im Karl-Liebknecht-Stadion

Die Tabelle beruht auf den Platzierungen der Ostvereine in den 20 Jahren seit dem Ende des DDR-Fußballs 1991. Die spielklassenübergreifend 14 besten Mannschaften (von der ersten Liga über die zweite, dritte, vierte bis hinab in die fünfte) erhielten pro Saison Punkte von 14 (für Platz 1) bis 1 (für Platz 14). Die zweiten Mannschaften von Hansa und Energie wurden konsequent ignoriert. In der ersten Spalte ist die Gesamtpunktzahl des Vereins angegeben, in der zweiten steht die Anzahl der Spielzeiten, in denen sich der Verein unter den ersten 14, also in der Nachwendeoberliga, platzieren konnte.

Position	Verein	Punkte	Spielzeiten	Meistertitel	∅ Punkte
1	Hansa Rostock	312	27	9	11,56
2	Energie Cottbus	275	26	6	10,58
3	Union Berlin	264	27	3	9,78
4	Dynamo Dresden	259	26	4	9,96
5	Erzgebirge Aue	248	26	1	9,54
6	Chemnitzer FC	237	27		8,78
7	Rot Weiß Erfurt	198	27		7,33
8	Carl Zeiss Jena	196	26		7,54
9	1. FC Magdeburg	106	19		5,58
10	VfB Leipzig	102	12		8,50
11	SV Babelsberg 03	95	15		6,33
12	FSV Zwickau	95	13		7,31
13	Hallescher FC	94	17		5,53
14	RasenBallsport Leipzig	81	9	4	9,00
15	Sachsen Leipzig	73	15		4,87
16	VFC Plauen	49	15		3,27
17	Stahl Eisenhüttenstadt	28	7		4,00
18	Dresdner SC	24	3		8,00
19	Stahl Brandenburg	23	3		7,67
20	BFC Dynamo	23	10		2,30
21	Wacker Nordhausen	13	6		2,17
22	ZFC Meuselwitz	12	5		2,40

Position	Verein	Punkte	Spielzeiten	Meistertitel	∅ Punkte
23	MSV Neuruppin	11	2		5,50
24	Lok Altmark Stendal	9	5		1,80
25	FC Schönberg 95	9	5		1,80
26	Bischofswerdaer FV	8	2		4,00
27	TSG Neustrelitz	5	1		5,00
28	FC Eilenburg	4	1		4,00
29	Greifswalder SC	3	1		3,00
30	1. FC Markkleeberg	1	1		1,00
31	Germania Halberstadt	1	1		1,00
32	FV Dresden-Nord	1	1		1,00
33	Greifswalder SV	1	1		1,00
34	Oberlausitz Neugersdorf	1	1		1,00

Nachgedicht:

O Ball du,
Du molliges Dinglein – du Lebensquelle.
Du kommst zuerst und kommst zuletzt,
Du bist für mich das Ein und Alles – eingeschlossen das Immaterielle,
Du spendest Gunst, Freude, Schmerzen – Gestern und Jetzt.
Ich predige es in Göttingen und an allen Orten,
Ich lebe für dich in guter wie schwerer Zeit,
Ich schreie meine Liebe raus in 1903 Worten,
Ich brülle, flüstre, kreische in aller Ewigkeit.
Wir sind seit vielen Jahren Freunde, nein, Geliebte alle Tage.
Wir sahen uns knospen, wachsen und in Blüte stehen.
Wir trotzten bösen Mächten, fieser Widersacher Plage.
Wir werden ewig leben, nimmermehr vergehen!

In der Reihe Bibliothek des Deutschen Fußballs sind bereits erschienen:

Bd. 1 1. FC Union Berlin (Jörn Luther)
Bd. 2 SV Babelsberg 03 (Rico Noack)
Bd. 3 BFC Dynamo (Marco Bertram)
Bd. 4 FC Energie Cottbus (Jens Batzdorf)
Bd. 5 1. FC Lokomotive Leipzig (Freundeskreis Probstheida)
Bd. 6 BSG Chemie Leipzig (Alexander Mennicke)
Bd. 7 1. FC Magdeburg (Jente Knibbiche)
Bd. 8 F. C. Hansa Rostock (Marco Bertram)
Bd. 9 1. FC Nürnberg (Benjamin Wolf)
Bd. 10 FC Rot-Weiß Erfurt (Matthias Klaß)
Bd. 11 1. FC Köln (Andreas Merkel)
Bd. 12 SG Dynamo Dresden (Uwe Leuthold)
Bd. 13 FC Sankt Pauli (Fabian Fritz & Gregor Backes)
Bd. 14 SV Waldhof Mannheim (Andi Nowey)
Bd. 15 FC Carl Zeiss Jena (Jörg Dern & Toni Schley)
Bd. 16 FC Bayern München (Marcel Neudeck)
Bd. 17 Borussia Mönchengladbach (Steffen Andritzke)
Bd. 18 Eintracht Braunschweig (Uli Hannemann)
Bd. 19 S. C. Fortuna Köln (Heribert Rösgen & Matthias Langer)
Bd. 20 FSV Frankfurt (Franziska Blendin)
Bd. 21 BSG Wismut Gera (Mario Krüger)
Bd. 22 FSV Zwickau (Norbert Peschke & Dieter Völkel)
Bd. 23 Fußball in der DDR (Frank Willmann)
Bd. 24 TSV 1860 München (Stephanie Dilba)
Bd. 25 VfB Stuttgart (Andreas Zweigle & Sebastian Rose)
Bd. 26 Kickers Offenbach (Steffie Wetzel)
Bd. 27 VfL Bochum (Fabian Budde)
Bd. 28 FC Erzgebirge Aue (Burg)

In der Reihe Bibliothek des Österreichischen Fußballs sind bereits erschienen:

Bd. 1 First Vienna Football Club (Alexander Juraske)
Bd. 2 SK Rapid Wien (Thomas Lanz)
Bd. 3 Wiener Sport-Club (Christian Bunke)
Bd. 4 FK Austria Wien (Clemens Zavarsky)